平原大地導賞徑

黃梓莘 著

作者簡介

黃梓莘

200M

不是旅遊人，卻愛上旅遊：

　　嘗遊四大洲、五大洋；跨越三大洲，親履南、西、北三大地極，登南、北阿爾卑詩山冰川，遨遊世界四大著名河流，窮遊香港大山郊野。

不是文化人，但偏偏愛上文化探索：

　　深入探求巴比侖、古埃及人類始祖文明，追尋西方文化源頭，腓尼基廢墟。向本港當局建議將繁體漢字及廣州廣府話納入非物質文化遺產，得到接納並正向聯合國申報世界遺產中。

不是創作人，卻愛寫作：

　　出版過兩本世界遊書及兩本香港行山書，其中行山書仍在出售。曾任兩月刊編輯，亦協助某會月刊創辦出版，現仍在另一旅行月刊任編校委員。曾為多間報館副刊作者，現仍寫作不輟。

序

幾個老友在茶樓例敘，不免吹水，由日常生活講到行山，説自己在港生活幾十年，近期愛上行山，只係行新界鄉村平路，估唔到行上咗癮，原來鄉村藏咗好多嘢，錦田有吉慶圍，屏山有文物徑，元朗也有清朝街市，都是鄧氏物業，那娶得皇姑歸卻無福享祿是廈村郡馬。廈村市不止是有上通廣州、東莞的碼頭市集，其中還有錫降圍、祥降圍及其他歷史性建築，真的十分豐富，環形的圍村，風光無限，不愧"小蓬瀛"。

其實鄧氏的發展，還有龍躍頭中老圍、新圍及以老見稱的東鎮圍，和鄧公祠都是歷史悠久的建築物。村外一座西式白色建築物，是香港名校華仁書院的創始者徐仁壽住所。如今已列歷史性建築。

除鄧氏外，新界還有其他氏族，都擁有他們的族群村落，亦有圍村，其中文氏、侯氏、廖氏和彭氏，儘管他們來港日子不及鄧氏早，因人數不少，也成為新界大族，當探遊村落時，向村民請教姓氏，便可略知端倪。當看到他們祠堂掛上功名牌匾，便知他們子弟在讀書上下過功夫。

行山朋友最感興奮的，當是最近邊界解禁了，從前不能踏足的鄉村和地方，現在都可放步遊覽，沙頭角、打鼓嶺、羅湖、文錦渡以至落馬洲，大片禁地，可肆行無阻。當日行行重行行，竟落到深圳河邊，這不是"得月樓"嗎？舉頭對岸，那不就橫跨河谷的羅湖橋了？當年是邊防禁地，今天可以如此輕鬆到達，落馬洲不止上到"望鄉亭"，還可落到山下面的落馬洲村去，一探仍十分活躍開耕活動，和那長滿青苔的祠堂書室。仰望對岸高樓，如在咫尺。

與朋友吹水時，還可以吹吹香港的河流，算算河流的賬：城門河已變成城市一份子，屯門河已水流汩汩；梧桐河久已聞名，但少有接觸，今天所見，已脫穎而出，由鄉村丫頭蜕變成青春活潑的城市姑娘，儼如青春少女了。還有一條曾經行過，但不會辨其名的石上河，以及一條常被大族村落引為"龍山鳳水"的雙魚河，到底身在何處？我們也曾親身探索過，並追尋孖鯉何在。朋友們也可跟本書作者一起，去把它們一一弄個明白，理清它們脈絡，那麼，在吹水時就不會含糊其詞，吞吞吐吐了。開卷到底是有益的。

曾經在西貢西，由海下開始，沿海岸線到榕樹澳、十四鄉，穿古渡頭村到烏溪沙，再上探梅子林而到大圍，竟然在完成船灣海岸線，上到沙螺洞探花田時，頓時大悟，人生何必終生受人奴役，必也有所作為，做一件開心愜意快事，寫本書，種塊花田，或甚麼的，決不能就此碌碌過一生！

黃梓莘 2016年7月

QR Code 地圖路線教學

讀者若看到書內地圖上標有 QR Code 的位置，就可以用智能手機上的 QR Code 閱讀 Apps，讀取條碼後，即可連線至 Google Map 內，查看更精確的地圖路線，再配合手機上的 GPS 功能，行走時就不怕迷路。

STEP 1

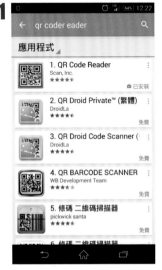

Android 手機可在〝Play〞內下載〝QR Code Reader〞。

STEP 2

這個〝QR Code Reader〞簡單又易用，最重要是免費。

STEP 3

執行此 App，會彈出拍攝畫面，對準書上的 QR Code。

STEP 4

只要認出 QR Code，建議各位使用瀏覽器去執行，就可清晰看到地圖路徑的線路了。

GPS 導航不迷路

現在大部份智能手機都有 GPS 功能，當啟動 GPS 功能，再使用書內的 QR Code 路線時，就可在地圖路線上看到自己當前位置是否與路線出現偏離。

STEP 1

要先確認打開智能手機上的 GPS 功能，位置一般會放在下撥功能選單內，將當中的 "GPS" 啟動就可。

STEP 2

假設我們跟書上第六章的 "柏架康怡有奇徑" 去行，在路上不確認路向時。

STEP 3

就在此時讀取路線上的 QR Code，路線就顯示在手機地圖上。

STEP 4

啟動 GPS 後，當前位置會顯示在地圖上，就不怕迷路啦。

---

iPhone 用家注意

使用 iPhone 的朋友，可以嘗試在 "App Store" 裡下載 "QR Code Reader by Scan" 或 "Quick Scan - QR Code Reader"，兩款都是免費及簡單好用的 QR Code 閱讀 Apps。

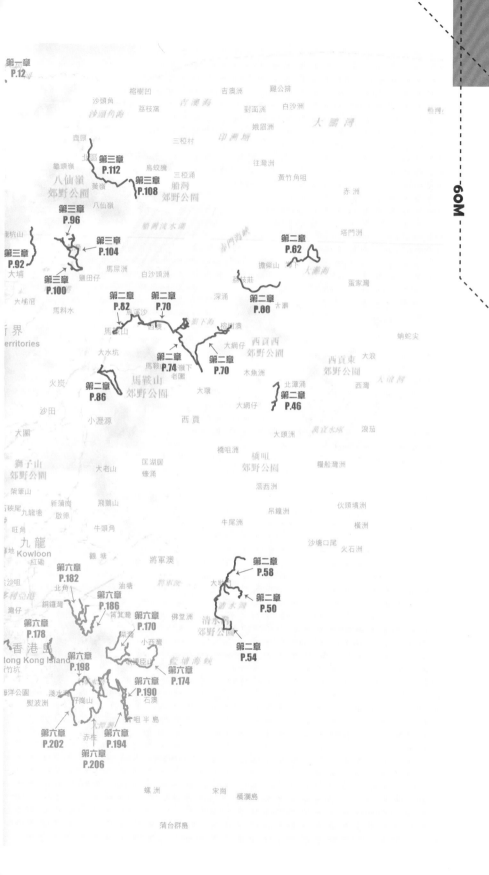

路線分佈

60M

250M

榕樹凹 吉澳洲 羅公排
沙頭角 荔枝窩 吉澳海
慈枝窩 對面洲 白沙洲 船灣
沙頭角海 娥眉洲 大鵬灣
鹿頸 三椏村 印洲塘
北區 往灣洲
龜頭嶺 黃麻塘 黃竹角咀
八仙嶺 鳳馬古道 赤洲
郊野公園 八仙嶺
慈坑山 船灣淡水湖
塔門洲
大埔 白沙頭洲 攔柴山 大鵬海
馬屎洲 蟹家灣
鹽田仔 深涌 蛋家灣
馬料水 企嶺下海 榕樹澳
馬鞍山 深涌 蚺蛇尖
大水坑 西貢西
馬鞍山 嶺下 大網仔 郊野公園 西貢東 大浪
馬鞍山 老圍 木魚洲 郊野公園 西灣 大浪灣
郊野公園 大環 北潭涌
火炭 大網仔
沙田 小瀝源 西貢 大頭洲 黃宜水坑 浪茄
大圍 橋咀洲
橋咀
獅子山 匡湖居 郊野公園 糧船灣洲
郊野公園 輋涌
架箂山 大老山 深涌洲
新蒲崗 飛鵝山 吊鐘洲 伙頭墳洲
九龍塘 啟德 橫洲
旺角 牛頭角 牛尾洲
九龍 觀塘 沙塘口尾 火石洲
Kowloon 紅磡 將軍澳
北角 油塘 大坳門
維多利亞港 銅鑼灣 筲箕灣 佛堂門 清水灣
灣仔 柴灣 小西灣 郊野公園
香港島 藍塘海峽
Hong Kong Island 赤柱 石澳 咀半島
海洋公園 淺水灣
黃波洲 孖崗山 赤柱
螺洲 宋崗 橫瀾島
蒲台群島

New Territories

END - **100M** - - - - - -

目錄

60M

250M

第 一 章

邊界區域

CHAPTER 1

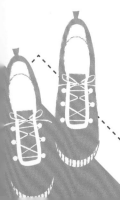

香園碉堡松園下

知禁邊後撤，隨友探視，初探粗疏，繼自行細遊，探香園，登白虎，訪松園下，但錯認碉堡，最後三探而成。可知必須堅持，鍥而不捨。禁邊探遊，於然迤邐展開。

長度 4.2 公里
景色 ★★★★★
難度 ★★★★★
時間 1 小時

INFO

前段	中段	後段
香園圍村古 禁邊古意深	白虎山不高 碉堡如探秘	松園下平易 任君細意遊

2016 年3月4日，打鼓嶺邊界禁區開放了，關閘從虎地坳一帶後移到蓮麻坑之前，香園圍之後，從此，我們可以像尖鼻咀一樣，走到鐵網下而無禁。自沙頭角六村解禁，曾三度探遊；打鼓嶺解禁，前往亦不止三次，實抱有為了讀者，為求虎子，何畏虎穴之概。

交通

去程
上水鐵路站公共小巴總站59K綠色小巴→香園圍

回程
香園圍59K綠色小巴→上水鐵路站公共小巴總站

香園圍客家村屋，一列四戶，後排屋建有碉樓

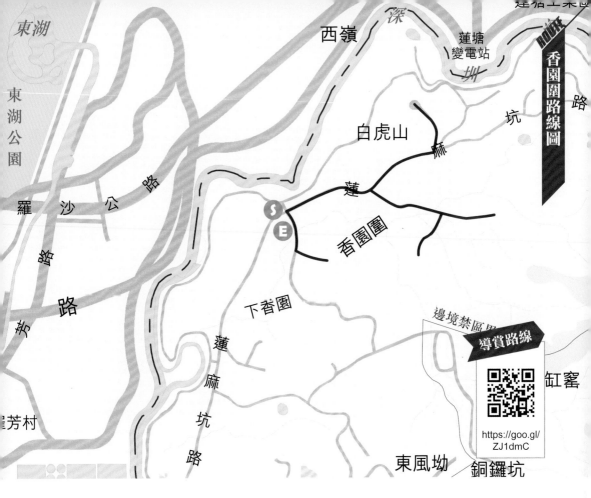

香園圍路線圖

東湖

東湖公園

西嶺

白虎山

蓮塘變電站

麻坑路

蓮麻坑

香園圍

羅沙路

芳村路

下香園

蓮麻坑路

邊境禁區界

導賞路線

https://goo.gl/ZJ1dmC

東風坳

銅鑼坑

缸窰

禁邊期待久　怎能不探遊

　　打鼓嶺位於新界東北角，故從上水出發；上水站旁上水廣場有交通總匯，選大巴亦可小巴，兩者所走路線有殊而終點略異，大巴僅及邊沿，小巴直入村際，為花同樣車費，得最大效益，便設計出如下的路程。

搭蓮麻坑車　先探下香園

　　首乘專線小巴直入香園圍村內，若恰巧有蓮麻坑車，亦可乘搭。在村口風雨亭落車，不打緊，數分鐘步程便到村了。村內也有另一風雨亭，對正下香園村口，此時可先入下香園，過坑橋及村口簕竹林，會有兩頭唐犬相迎。萬氏宗祠兩所貼近村邊，一稱廷業萬公祠，一稱廷宗萬公祠，兩祠俱以廷字先行，當是兄弟同屬廷字派，亦以此為開村始祖。

農菜收集站，儼然村群中心

竹園村變工地聞説係新口岸地址

松園村圍牆內的何氏宗祠

香園圍村私人碉樓背影香港少有特色

二戰時碉堡遺物堅固足抵禦大砲

香園圍頗大　圍村有碉樓

　　復出村口轉右入香園圍，村屋型格較有氣派。四戶一字排開，齊一橫頂屋脊，客家格局；後排緊貼第一排，較窄及不齊一，巷尾一家，屋頂加建方型碉樓，有大小監察窗孔，攻防兩用。但格局似只是私人防護，而非作整條村的守衛用途。至於屋宇裝飾，後排的反而有窗簷泥飾，前排的欠奉，故感覺簡單。迎接春節，前排都貼了春聯，春天遊鄉村，就是多了這份熱鬧，多了份讀春聯的雅致。其一：吉星高照平安宅，富貴常臨積善家；其二：花開富貴，竹報平安；其三：一室太和添富貴，滿門春色享榮華；其四：一帆風順平安宅，心想事成幸福家。此村春聯用語，雖隨俗而不落俗，有自己心思，值得欣賞。

白虎山矮　碉樓處處

　　出村，轉往白虎山行。山不高，半途已有警崗碉樓，再上到停車平台，崖壁上鑲嵌兩組碉眼，很有威勢。但這是二次大戰遺物，並非麥景陶碉堡。需沿右級上廿餘級，毋需直上登頂，而是轉右循級到盡頭，便見一個鐵網圍着碉堡，屋頂有圓型天線，牆身青綠；只可外觀。欄外有另組炮眼，反而增加戰時設備的真實度。

坪洋陳姓來深圳　蓮麻松園何處來

落白虎山，路口有小巴從蓮麻坑出，要搭需配合時間，約一小時一班。我們放步沿車路過香園圍，邊行邊觀望沿途景物，大片空地是竹園舊址，房屋盡拆，正在興建新口岸。鐵網外是深圳河，房屋是羅芳村，都是簇新樓房。松園下在馬路較低處。坪洋陳姓松園下村是從深圳松園下來港，今此松園下乃何姓，來自何方，未及問訊。村中圍有祠堂，兼作公所用。村貌開揚，村屋散置新舊交替，富有者且建精緻花園，石山流溪、錦鯉蓮池。貧者仍守泥牆破屋。這類泥屋城市人罕見，當視為稀品。村口候小巴或再行往坪洋路口大巴站。

遠山白帶，非雲非霧

松園下內精緻私人花園

搾蔗絞輪，高塘、糖坊村名都與絞搾蔗糖有關

白虎山側麥景陶碉堡

禁邊圍村見《武魁》

禁區邊沿村落，從蓮麻坑一直延伸到文錦渡，而至落馬洲，就分段式把它遍遊，絕不放過。這是旅行家精神。

長度 4.8 公里

景色 ★★★★★

難度 ★★★★★

時間 1.7 小時

INFO

前 段	中 段	後 段
木湖禁邊村 錯車送到門	週田村杜氏 皇帝賜武魁	門拱窗檐裝泥塑 李屋書室有彥文

打鼓嶺邊防後撤，曾到過香園圍、白虎山、松園下，餘情未了，繼續追尋。本擬同樣於坪洋總站作起點，沿鐵網走木湖，又擔心太近文錦渡禁邊，不知能否進入，誰知上了 59K 小巴，誤打誤撞落車處竟是木湖。

去程

上水鐵路站公共小巴總站59K綠色小巴→新屋嶺

交

通

回程

李屋村 52K 綠色小巴→粉嶺鐵路站

瓦窯村後，深圳河邊水泥廠設施

新秀路
新興大廈
羅芳村
蓮麻坑路
東
文錦邊檢站
瓦窰
蓮麻坑路
木湖
老鼠嶺
鳳凰湖
塘坊
坪洋
錦渡
石澳
水口
李屋
坪
打鼓嶺
女
新屋嶺
週田村
平原河
E
邊境禁區界線
導賞路線

https://goo.gl/4XrwoH

缸瓦甫
坪輋

木湖瓦窰　無心之得

　　四周林樹，馬路舉目無人，望向林中小徑，雖然是木湖而未見村屋，因而不敢進入。前行得瓦窰，即地圖所指木湖瓦窰，這不就是想去而又恐怕太近禁邊而不能去的地方嗎？於是內心釋然，安心前探。瓦窰村有窰址，因犬群而止。續行不遠，大型工地有巨桶出現，更見有管道伸向深圳河對岸，知是建築工料的一種節省運輸方法，連貨車也省卻。深圳房屋就在河邊，伸手可及。

輸送管飛架，橫跨深圳河到對岸

深圳河管道飛架　通貨運如此這般

　　沿深圳河邊前行，公路橋橫跨支流河口，橋下架了多條巨型管道，河水匯入深圳主河去。河邊開始設置圍欄鐵網，是從蓮麻坑一路延伸到這裏為止。馬路寬闊好行，亦無車。續行，右邊有路接來，路口喜見"週田村、老鼠嶺"、鳳凰湖路牌，正是要追尋的目標物。

週田村很古，從簷飾牆飾可見一斑

週田杜氏圍村門樓，門前有古井

門樓內高掛"武魁"功名牌匾，不要小看偏遠小鄉缺文化

杜氏出武魁　圍村好對聯

於是捨正路，"沿之行，忘路之遠近"，又有一路口，路牌只書"週田村"，於是又捨路而入。過一大樹，土地公以"神人共樂"相迎。週田村分杜、蕭、楊三姓，蕭氏宗祠旁有"杜氏週田村"圍村門樓，聯書："週年雨順風調化生萬物，田野花明柳媚點綴三春"，安於田畝，融入自然，少見的鄉村聯對。入圍，一軸中分，排成八列。盡處有週田學校，貌甚古拙。更喜見圍樓內掛御賜"武魁"牌匾一方，這功名比美狀元之難能可貴。荒村中竟出高材生，得皇上恩賜，令人大感意外。

週田同老鼠　田鼠共一源

以"老鼠嶺"一名詢之村中父老，答以兩名實即同一地方，村外有樹（山）形如老鼠，並指村前一樹即是，云云。望樹形實亦頗像老鼠，但樹齡非老，而村應甚古，似不相稱，難以成立。

鳳凰湖村新　新屋不忘舊

村後小路過田野，進入鳳凰湖，村屋多新型，但仍不忘舊有文化，有拆下舊日窗簷泥塑，整套移置門樓頂上，獨特型格仿如凱旋門，可保留舊有文化而另有風格。簇新村公所立於村中，門聯上書：鳳凰來儀，祥雲瑞氣。脫俗，但不偶，有點可惜。

圍內有學校，功名由此出，很有特色的週田學校——何不納古蹟名錄？

鳳凰湖有好辦法，把美好文化遺產放門樓上

坪輋路上關閘今已廢，遺址仍保留

簡頭村與塘坊相望，塘坊意指昔日產蔗糖之地

李屋村仔細　陋巷有"彥文"

　　李屋即在附近，當往探之。經過一佛偈牆進入，是遊樂場，正施工中。村貌普通，其中最堪注目的，是一間窄窄門樓，上書"彥文堂"的黝黑房子。應是舊時教授村中子弟的書室，村雖細，不忘子弟學業，可見父老輩對子弟期盼之殷。

關閘成古蹟　惡狗守糖村

　　李屋後接坪輋路，關閘在附近，已後移，卻仍然收窄馬路單線行車。馬路對面即糖坊村，擬入但狗惡，後改入簡頭村，連祠堂也不加姓氏。文錦渡路就在街頭，菜站旁可候小巴往粉嶺。

李屋村雖細，有"彥文堂"私塾，古雅而古拙亦可愛

馬草壟解封初探

路況不明，兼屬禁地，這種忐忑心情，不言而喻。
但都在抱有"必探"心理下，一一破解，這種快樂，
隱藏了一份成功感，這份心情，惟抱有求探精神的
讀者能理解。

長度 1.2 公里

景色 ★★★★★

難度 ★★★★★

時間 20 分鐘

INFO

前段	中段	後段
深入村路 心情忐忑	摸索前行 見步行步	成功全探 其喜可知

—— 道圍牆，一道鐵絲網，足以使兩地人變得咫尺天
涯。東西德、南北韓、國內和香港，幸而我們界
線已越縮越窄了。"禁區"已變得越加接近邊界。曾在歐
洲旅行，當他們步入歐盟一體化時，真羨慕和佩服他們，
進出邊境如返家鄉，國門如家門，出入不獨無禁，連海
關也撤銷了！

交通

去程

上水鐵路站公共小巴總
站特別班 51K 綠色小巴
→料壆村及馬草壟

回程

料壆村特別班 51K 綠色
小巴→上水鐵路站公共
小巴總站

村上區旗飄揚

料壆

料壆路

福德公

快景路

E

S

馬草壟

大石磨
（排峰嶺）

石馬

菴邊

鴉坑

導賞路線

https://goo.gl/
eNNx7L

沙頭六鄉解禁　打鼓禁村後移

　　自沙頭角六村解禁，打鼓嶺禁邊也向後推移，我們直迫香園圍、白虎山，馬草壟到底如何？記得很多年前，高山遠足，從山上順着山勢摸入了一次，那次非常幸運，沒遇上軍警，也只是匆匆地驚鴻一瞥，談不上印象。

本意屬河上　喜得意外緣

　　今回因訪河上鄉，從古洞大街見到有小巴掛馬草壟牌出入小道，知道有點瞄頭，可能會有所獲也說不定。從地圖知馬草壟稍過另有料壆村，其鄰為舊村與信義新村，本擬從山路步行入村，再乘小巴出，但恐地理不明，還是不要冒這險了。先乘車入，再步行而返吧！

馬草壟信義新村石碑

曠野一大片，菜地只幾畦

山村屋雖細，山下公園綠

村民何所求？富貴有平安

紅欄畔草綠，黃沙厰水清

人間難得　善意友情

上水小巴總站站長，善意而樂意地指示某行的51K便是，小巴路牌都是河上鄉，原來本都走河上鄉的，現在抽調一兩部走馬草壟線，再間中加走料壆，故亦有料壆牌。各位現在大體上可以理解，何謂喜出望外了。因為曾經思量在馬草壟落車後，怎樣可以再向前推進，貼近料壆，再而接近羅湖邊界，直至禁止通行為止。現在司機已有正面答案，從馬草壟可上山沿車站過去料壆，也可落到海邊沿軍用車路走，後者平路，但遠些而易行。

初探馬草壟　輕掠料壆圍

於是除馬草壟外，決定加遊料壆。小巴從上水車站開出，轉兩個彎，轉入寶石湖路，一路直行，到古洞區，從河上鄉路口入，不到一里，糖坊路口左入，便是馬草壟路，兩旁都有房屋，但不是密集式排列，小巴上不時有人叫站落車，卻無上車客。亞婆訴說現在種菜很難生長，長不大。為甚麼？因為空氣唔好，菜蔬種了很易枯死。

空氣污染　農作歉收

　　一位姓馮村民從上水朋友，要了百來株毛瓜苗回來種，話題就是由此引開，他也是說不是愁沒地種，卻愁它長不大，原因就是空氣不好。想不到今天社會空氣污染問題，最貼身感受到的，原來是"目不識丁"的鄉下人家。跟着馮伯說，現今菜貴，不是農民賺多了，是收成不好才是根本原因。最後馮伯也落了車，到總站時剩下我倆，司機說等會再開到料壆去。他建議我們在這行過去也可以，風景不錯的。

岸南田隴　岸北高樓

　　於是落車向下行，村間小屋，田間瓜樹，渠道縱橫，海岸對方高樓密集，如松如杉，幾疑對岸就是香港，甚至香港哪有這般多樣化的標緻的樓房呢？它們把香港比下來了。邊行邊看，滿意地結果馬草壟初探之行。

樹岸紅欄逐溪流

樓高倒影深

克服困難，就是勝利：村屋勵志聯語

層樓高聳雲深處，笑看今朝我勝誰

料壆羅湖先得月

勇闖禁地，得探羅湖"得月樓警崗"，近窺羅湖橋，沿梧桐河漫步，甚喜，有如南非人在山泥中踢着一顆不細的含鑽寶石。

長度 4.6 公里

景色 ★★★★★

難度 ★★★★★

時間 1.5 小時

INFO

前段 | **中段** | **後段**

料壆村不俗
環境頗優美

近窺羅湖橋
隔岸橋相接

河岸管成堆
東江水來處

世事之難能便覺珍貴，鑽石之被人珍視，非只在於它的質地堅硬，更在於它的罕有。如南方人不易見落雪，便以見鵝毛雪紛飛為奇遇；日出日落為正常，便以午夜太陽、滿天極光為異事。香港人儘管你大山踏遍，但鐵絲網下的禁區，你便千萬不能越雷池半步。能踏禁邊便是大事。

交通

去程
上水鐵路站公共小巴總站特別班 51K 綠色小巴
→馬草壟信義新村

回程
羅湖懲教所輔助服務 51K 綠色小巴→上水鐵路站公共小巴總站

莫道村邊界，家家雪白新

料畀

料畀路

福德公

快景路

大石磨

石馬

菴邊

排頭路

馬草壟

S

河上鄉路

E

鳳崗山

鳳崗

河上鄉

羅湖

羅湖道

虎

導賞路線

https://goo.gl/
mmy9UJ

山上絪鐵籠　步步應小心

　　因此本港旅行，曾是最使人困擾的，也就是這些禁區，它會在不知不覺間誤闖，誤觸法紀而不自覺，有些邊界鄉郊，也是旅行人仕所嚮往，卻奈何在禁邊內外，望而興嘆。連從虎地坳，穿越大水管、過火車橋洞底，然後上走石上河橋入河上鄉，卻會遭到迎面而來的邊界巡邏隊查問：知否此乃禁區？其實河上鄉何來是禁區呢？亦惟有唯唯諾諾而退。

"大王爺"神社，社壇有型格

羅湖應得月　料畀不近河

　　好了，今天已全然鬆綁，可以直迫邊界而去，自然是一種大解放，心情輕鬆，我們已試遊過馬草壟這禁邊小村，也掠過料畀。不妨先搭小巴到料畀細遊，再續前緣吧！

村口指示牌：何妨坐車來

得月樓村路　有雙孖鯉魚

　　料壆村後上接馬路，接到大路口，上有一個路牌，別致地有架模型私家車放在路牌頂，很易認，左方是從馬草壟來，右方路向河上鄉去。

　　先接觸到路邊一戶人家，答以"得月樓村"。啊？得月樓非大廈而是地方名稱，應該是先有得月樓。因名字有詩意而為人熟悉，也流行起來，後來樓毀了，人們繼續用它作為地方名，便成了"得月樓村"。這戶人家的下方，應可通出去有"雙孖鯉魚"的。

　　這雙孖鯉魚是否會與雙魚河有關，值得我們加以追尋，以前不可能，現在解禁，應該多放點時間去查看。

羅湖深圳河邊，得月樓警崗

橋通但限制，紅樓深圳關

羅湖橋，一橋飛架南北

得月樓頭因近水　雙孖鯉魚有何由

　　稍過有另外人家，門口大書"得月樓村10-15號"，接近了；一個平台上出現了一座現代化樓房，門牌上寫着"得月樓警崗"。正擬舉機拍照，內裏冒出一位警伯，笑意滿容顏，問過容許拍照，然後與警伯搭訕並探路，知是可以沿河岸直去，第一處人家便當是那任食的羅太豆腐舖。

鋼架鐵橋，扛起水管，讓東江水飛越梧桐河進入香港

禁區非禁地　壁壘已模糊

　　這是長久以來被視為邊境重地的禁區了。到底是怎麼個樣的？左方應就是界外地，是國內的範圍，一座有皇宮氣派的大樓，土黃色外牆，橙紅色綑邊，很有生氣，香港方面的是平凡的西式玻璃樓宇，相比下有點灰暗陰沉感覺。中間有一度有蓋的長長大鋼橋，這該是著名的羅湖橋了，從前傅奇與石慧被港英政府遞解出境，就在這橋上靜坐抗爭一段不短的日子。

木棉守護梧桐河

禁區禁進入　我從裏面出

　　警崗面前也有一道橋通往對岸的，要禁區紙才可進入，梧桐河成了另一道屏障。沿梧桐河右岸行，一個凹位處，讓管道在頭頂上過。上岸後大字標明500米前面是禁區，嚴禁進入。今我卻從裏面出來，該如何計算？是否很有趣。

邊界羅太豆腐花，單車客恩物

落馬洲客少車稀

落馬洲，人知有瞭望台，是供西方遊客來港時，登台瞭望中國，現今內地開放已久，邊界亦可從料壆邊線直趨落馬洲，完成邊界禁區遊。瞭望亭變"望鄉亭"了。

長度 5.6 公里

景色	★★★★★
難度	★★★★★

時間 1.5 小時

前 段	中 段	後 段
料壆馮姓 福德村神	禁邊外城鎮 大城格局成	落馬洲村細仍在 家祠書塾破猶存

從料壆到落馬洲，是禁邊行程的最後一段，它曾使我忐忑不安，充滿疑慮，也充滿期盼和渴求。今天，終於抱着破釜沉舟決心，也慶幸圓滿完成。

交通

去程
上水鐵路站公共小巴總站特別班 51K 綠色小巴→料壆村

回程
潘屋村 75 綠色小巴→元朗鐵路站

風雨亭立於料壆村中心

落馬洲路線圖

ROUTE

導賞路線

https://goo.gl/UKViDQ

小巴兩程站　正好合要求

　　取料壆起步，希望使行程多些變化，若嫌過長可從馬草壟起步。兩者都從上水廣場小巴總站，搭上51K綠巴，這線小巴是馬草壟與料壆連結的，有時是先到馬草壟（上回就是），稍停而後過料壆，有時是先到料壆再回走馬草壟。卻正正巧合我的要求。

"福垂馮氏"，福德宮當是料壆村神

廣場路四通　福德宮主廟

　　料壆是在山坡的那邊，爬坡後一直落斜入村，廣場開揚，旁有風雨亭，上書"料壆村"。廣場位處四路交結點，直路入村屋，左路村屋後是田園，右路大馬路，上接主路來往羅湖得月樓出河上鄉，另一路就是通馬草壟的來路。落車後沿馬路上行，係繞村而築，過一輝煌雅

沿途清靜

落馬洲村屋一部份

野蘿繞"柴"屋

遺世獨立的山居

門前冷落的警崗

致福德宮，飛簷雙疊，福德宮牌置雙簷間，聯書：福垂馮氏，德庇東鄉。隆重的格局，似係該村主神，又知村乃馮姓。

鄉村風味失　大城格局成

上到路口，下通羅湖邊禁，上回已行，左落通馬草壟、落馬洲。曾由此上行，今反向而落。不數分鐘已至平地，望對岸則高樓四起，仿似雨後春筍，深圳正力爭大城市格局，而今天已脫村姑形象，若再多點文明，勝香港又何難。回望草原盡處山坡上料壆村，幾重房舍擁疊，恰恰消減幾分荒涼。

泥灘破屋　群犬吠聲

出越料壆山咀，闊落草原消失，山坡高樹壓人而來；泥灘上雜樹亂生，環保人仕認為係自然生態。偶然一條人工開出來的泥路，上搭一間鐵皮屋；另處膠布帳下，遮蓋着一輛客車，從樹縫中看到有屋成列，規模不細，正想走出去探視，卻一犬吠聲引來十犬跟隨，群相擁來，驅逐不速之客。

樹隨欄岸曲　荷枯萍湖綠

馬草壟村口有橋，橫跨水道出口，水道旁圍欄相傍，水曲渠彎，宛如龍舞，給青青垂柳帶來動態。過馬草壟村後很久才見人家，及至再有房舍時，便是步入落馬洲區份。一夥人家，門前掛大大彩帳，甚麼荷花生態賞遊之類，問說原來種了荷花滿池，後來都枯死了。又是這含毒的污染空氣的累？

落馬洲村不算細　美德家祠古惜殘

　　遠處一組房屋，在田隴之後，是落馬洲村了，見有一祖祠形狀房屋，便踏田基往探，是"美德家塾"，格式古舊，真的很舊，且有破爛，綠苔遍地，不宜亂行；後座並作祖祠。張姓。門前田地，有人正灌了水，把田耙平過，準備插苗了。

昔日旅遊熱點　今日門前車稀

　　村盡，直通新田馬路，旁有上山路，通往落馬洲瞭望台。昔日為西方遊客必遊熱點，今日只剩仍漂亮的公園、瞭望鏡，及曾喧花費至鉅、至豪華公廁，仍冷冷地屹立於停車場旁邊。於此可領略到甚麼叫"門前冷落車馬稀"了。

荷池竟被野萍綠

美德家塾，屋脊泥塑古意盎然，對聯更有深意

難能再尋的古建築，惜敗象紛呈，值得重修

落馬洲瞭望台公園，保持整潔，環境靚絕，惜遊人只有我們兩老

毋使梧桐遜與人

梧桐寨很熟悉,因有一條瀑布;梧桐河有點似熟,但想落又不很熟。到底是怎麼個樣子?未曾親身踏勘,不能下判語。今天就去一趟吧!

長度 4 公里

景色 ★★★★★

難度 ★★★★★

時間 1.5 小時

INFO

前 段	中 段	後 段
林蔭大道 村道陰涼	看河上飛橋 看隴上山村	上水華山 越行越近

交通

去程

上水鐵路站公共小巴總站特別班 79K 九巴→龍躍頭

回程

虎地坳 73K 九巴→上水鐵路站

我們從龍躍頭出探梧桐河。有 78K 巴士途經,十字路口中,龍躍頭鄉公所對正圍村大路口,一條林蔭大道陰涼好走,老榕的氣根隨風飄着,葡萄的簇簇翠綠花鬚,風華正茂,似為能完成盛夏的結果任務而歡笑。斜坡上高壓電杆串着成疊絕緣子,警告途人切勿玩忽走近,它可傷人。宣道園在圍欄內高台上,搭了上蓋,佈了桌椅,飄出了焙烘多士和咖啡誘人的芳香;塑料遊戲器具,

圍牆高高的觀龍圍,外貌完好

五色繽紛，吸引幼童走進去，爬上爬落；供成人玩的結繩網架，在草地上排成密密的陣式。

圍門細細　炮樓大大

　　觀龍圍（新圍）的小小圍門，張開強大的兩翼圍牆，形象有點似那小小蝙蝠頭顱，旁邊卻有兩張大翅膀一樣。莊嚴、堅固的外牆，包裹着的是鬆散的房屋和頗多破爛的空置的爛屋架。

龍躍頭新圍入口處的林蔭道

聞名不見面　見面勝聞名

　　轉彎不遠路橋橫跨河上，這就是聞名而不常見面的梧桐河。過橋而直入是小坑村；沿橋口支路斜落，便來到梧桐河的右岸。梧桐河是一條由東向西流向，然後再集支流，北流入海。我們現在是從中段河道由東向西行。

宣道園內的活動設施

梧桐河道寬闊，就是少了點水

進入河道不遠，已有建綴的亭園椅椅

河道修治好　堤岸亦整齊

　　不要被舊印象影響，不是亂草夾途的原始山路，它已經是一條可行車的馬路，寬闊平整，不愁崎嶇，不愁會有突出石頭或樹根絆腳；河畔有鐵欄，鐵欄下種滿常綠灌木；行人路之旁是單車徑。很快便出現一個不錯的憩息空間，風景亭和枱椅，外加成排石柱點綴。河上白鷺不時駐足視察魚兒動靜，與岸上垂釣者比賽着耐性。白鷺是為養活自己而迫不得已，垂釣者卻釣起了大魚也把它放回河中。

釣者觀魚　行者望山

　　河邊田壟後都是鄉村，小坑村、石湖新村、華山村，一堆堆自然村落，世世代代生於斯、長於斯，背靠的就是華山，這華山像梧桐河一樣，從高峰的東端，透迤西走，頂築石徑，也就是我們把它形容為"萬里長城"的那條石徑。而今天，卻可在山下全面地橫看了它的尊容，這不失為此行中意外的收穫。

華山下的村莊，最近者為小坑村，再為石湖

彎曲成坦道　夜幕添明珠

　　梧桐河岸，舊印象是九曲十三彎，如黃河一樣，造成很多河套，產生很多沃土肥田；修治的結果是把突出的咀角都裁得平順，河道變得寬闊，彎曲變成平直；並都在堤上豎了太陽能LED燈照明，桿頂的收集太陽能板，只當紅日低垂，夜幕初張，便釋放電能，冥想着它能否勝似永遠讓世人謳歌懷念的泛藍的多瑙河，讓一段段的街燈齊齊放亮，把整條梧桐河，都像鑲了明珠，那景象倒叫人驚嘆的。

成列鑲着太陽能板的燈柱，點綴着梧桐河的兩岸

獨是梧桐河　留與今人去

　　威尼斯只有房屋從水中升起，貢都那船夫哼起了民歌和情歌；長江的滔滔江水，詩人詠嘆着大江東去，浪淘盡英雄人物；黃河被詩人與歷史掛上鈎，縱從天上來，逝者如斯，奔流不返。獨是纖柔的秦淮河，詩人不屑，留給那慣用柔弱、淒惋的詞人去玩味。我們梧桐河，當是怎樣的一條河呢？

村後華山高聳

山嶺逶迤，"萬里長城"就是鋪在華山山脊上

排峰雙魚侯氏村（河上鄉）

河上鄉結村於排峰嶺下，立廟於排峰嶺坡，背倚於
今名大石磨，非常明顯，村無遷移，山無變，只是
山名被改，它就是"排峰嶺"或"排峰山"，而今
人稱之為"大石磨"。

長度 4 公里

景色 ★★★★★

難度 ★★★★★

時間 1 小時

INFO

前段	中段	後段
入村看祠讀聯 仔細研讀聯意	發覺有疑 細讀廟碑	讀聯準備 先通平仄

侯氏是新界五大族之一，他與文氏一樣，都只能選
擇於外圍邊緣漥地開墾建村，早在康熙前已建立。
村在雙魚河旁邊，又是石上河出口，取名"河上鄉"。可
見與河流有密切關係。河上鄉前繫河帶，而背擁崇山，
與鄧氏有龍山，河上侯氏則有排峰，毫不輸蝕。

交通

去程

上水鐵路站公共小巴總
站特別班51K綠色小巴
→河上鄉波樓路

回程

河上鄉松菊徑51K綠色
小巴→上水鐵路站公共
小巴總站

河上鄉村口大牌樓路牌是"河上鄉排峰路"

河上鄉路
鳳崗山
鳳崗
東方
河上鄉路
塘角
波樓路
石仔嶺軍營
古洞
粉嶺公路
古洞路
河上鄉
河上排峰路
瞭原
燕崗
松柏
金錢
粉嶺公路

E
S

導賞路線
https://goo.gl/
m9jDFt

河上近羅湖　順探禁邊村

　　河上鄉地近羅湖邊界，因此選搭火車是理想交通。交通總匯有小巴可直入村，但我們要"行"，就選了大巴，在村路口便落車，準備邊行邊探訪村落。

石仔嶺村細　路通馬草壟

　　古洞路口信步而行，見路中有石仔嶺，果然是一條小村，村路窄窄，屋仔細細，亦予窮探，則巷屋只是泥窪溼地，無祠堂，無廟宇，村口則有特大墓穴，極不相稱。

入河上鄉道上，仍多舊型廠房，風格今已少見

翻修完竣的洪聖古廟，旁是排峰古廟

洪聖廟內同時供奉周王二公，相伴左右

排峰廟祀觀音，牆上滿掛神祇畫像

河上鄉中心地帶

邊線今解禁　下回必再遊

到塘角，有小路口相接，矚目路牌大書《馬草壟》，還有小巴行走，既驚且喜，村中父老相告，現在已經解禁，不再是禁區了。深感此行大有收穫，下回一定再來。

鄉聯失協　陰蔭有殊

過大型廠房後，右方有巨大石門樓，上寫《河上鄉》三個大字，旁邊一副長聯：

> 河鄉匯粹　謝龍山漁水　四時披陰
> 上谷騰芳　羨麟趾螽斯　一眾流光

上聯中"披陰"陰讀去聲。整聯讀起來拗口，原來是它三音節中均採仄音收，且多撞聲，非好對聯。牌樓側有兩亭並立，思雨思親；還有家畜模型，在草叢覓食，不忘務農本業。

嶺下排峰路　碑刻排峰嶺

沿排峰路入，到"河上鄉排峰路"引入村，先有古廟廣場，洪聖古廟及排峰古廟，係奉唐時洪熙公及觀音，後者不稱觀音古廟或水月宮，遂留意細讀重修碑記，指廟本建於村北排峰嶺下，故廟名排峰，一如長山古寺，亦因地而名。廟內並祀周王二公。

從前叫排峰　何故變石磨

河上鄉後擁高峻，翼展橫張，尖峰驟起，旅行人仕每將此山呼為"大石磨"者，此不明不白標號，原來早已自康熙年代，已有"排峰"的古雅名字，一如雞公嶺或圭角山，它們自己也早有"掛角山"的謙卑稱號，只是時人不察，妄加名稱而已！

居石侯公祠　粉紅岩矜貴

　　居石侯公祠，祠貌宏偉，花紅岩石，綑鑲牆基門框，刻意美化，斗拱細加雕花，都是前人心思。祠堂門聯：

> 門對河洲　睹浩浩縈漩　試向淵源報祖德
> 屏環金鼎　望層層聳翠　宜勤仰止展孝思

　　上聯指雙魚，下聯指排峰嶺，其中"金鼎"，當有所指。祠掛《文魁》欽差大臣匾。出沿排峰路抵石上河盡處，即與雙魚匯合地，匯點有鎮流亭。

候氏宗祠內高懸"文魁"欽差大臣牌匾

村口豆腐花廠園中供豆腐花神像

村後是大石磨，古稱排峰嶺，應即指此

居石侯公祠粉紅砂岩牆基，檐飾亦古雅

排峰嶺下勘雙魚

龍山鳳水，這鳳水指的就是雙魚河。為何叫雙魚，
人言言殊，但知得月樓附近有"雙孖鯉魚"，不知
與此有無關係。能遊雙魚河，尋雙孖鯉魚，已感樂
趣無限。

長度 4 公里

景色 ★★★★★

難度 ★★★★★

時間 1小時

INFO

前段	中段	後段
右岸荒涼感較重 遊者可行左岸	出現田家 入探防狗	合流河道寬闊 心情開朗

雙魚河是新界氏族的風水河流之一。倚為"龍山鳳
水"，不獨是"逐水而居"般簡章。新安縣誌有："雙
魚嶺在梁東上水河上鄉，兩山相並，如魚戲水。雙魚河
出口在嶺旁，故得名。"為尋雙魚嶺，地圖又示有"雙孖
鯉魚"，位置是今得月樓之西，為今人稱"大石磨"東北
延之餘脈所在地。

交通

去程

上水鐵路站 51K 綠色小
巴→古洞河東橋

回程

上水鐵路站

雙魚河，有指源出雙孖鯉魚，意甚吉祥

導賞路線

https://goo.gl/
kq3Vzj

河上鄉

塱原

雙魚河

石上河

新運路

寶石湖路 石湖墟

燕崗

松柏朗

大頭嶺

上水

掃管埔

粉嶺公路

金錢

青 山 公 路 粉嶺公路

牛地

源擔水坑　出雙魚嶺

　　雙魚河流域不短，它上接蓮塘前的擔水坑，號稱雙魚河後，流經長瀝、燕崗、坑頭大布、古洞而入河上鄉，於此與石上河合流，合流處有鎮流亭，在河上鄉村口。合流一段再歸入梧桐河出海。

相見不識　務加探尋

　　我們常知雙魚與村氏族關係不淺，但卻只知其名而不知其貌，甚或雖曾接觸，亦有相見不相識之嘆。常興務必親到雙魚河一遊之念。若能探索有關雙魚史實，更在望外。

新界氏族多以雙魚河流經為吉祥之地

怎的樣子，不能不親身探究視察

荒涼中，終於盼到有個小小農戶人家

再行，發現大片菜田，老伯還出迎招呼

從石上河岸上，下望東江輸港巨型水管

污水經處理，同樣流入雙魚河

雙魚作梧桐　也合探求意

據司機指示，古洞附近有大河，可往探。在大埔公路古洞路段望之，不過普通河道，不見有特殊建樹或加工過。該人所謂大河，本意指是梧桐河，而經實際勘探，實乃雙魚河，係由古洞一方，直到河上鄉去。亦合有意一探雙魚要求，是錯有錯着。

入口較荒蕪　路鋪石屎塊

沿雙魚河東岸行，頗寬闊，雖較荒蕪，但路面都鋪通窿石屎板塊，使路面不致雨後積水或變泥濘，甚至可讓汽車行駛而不至輪胎打滑；河道曾經整治過一段時期，頗闊，出水口渠道形制統一；河道因水流沖成沙洲和水道自然面貌，也隨時日而長出青草，顯示這裏的放任自然狀態，已經歷一段不短朝夕。堤岸上沒有刻意植樹，只是自然生態，伴隨堤外野木和沼窪濕地。荒涼感覺真的襲人而來。

西岸人來車往　東岸冷落淒清

反觀西岸頗覺興旺不少，單車群與貨車、私家車都不少。相對下盼望前面有橋相通，及快點出現人家。果然，極目所見，樹下似有一輛私家車，但到達時只是似泊在這裏過夜而已，但人何去了？農家何在？車之前面發現農田了，還有寮屋，機警地下探並揚聲，果然有老伯出迎，問之，是燕崗村，侯姓，是河上鄉族群，再過，又有一堆寮屋，是河上鄉！

雙魚到河上　少有如此行

沿雙魚河到達了河上鄉。有橋橫架河上，不渡，再行，一道大車橋攔着河道，上了河堤，是"鎮流亭"所在，這是與石上河合流處，亭下外方就是闊大的石上河河道。把這邊的雙魚河簡直比下去。

排峰雙魚嶺　尋雙孖鯉魚

　　續沿變闊大了的雙魚河前行，到羅湖橋前的得月樓警崗，到得月樓前，已因梧桐河流入而改稱為梧桐河。為尋探"雙孖鯉魚"所在，警崗後稍遠處有山脊下延，是排峰餘脈，是否即雙魚嶺，因未能得高處鳥瞰，不敢遽下判語。警崗側亦有小山丘環繞，也行繞一匝，供有興趣探找者提供一點小資料。而我也已盡遊了雙魚河道。山嶺搜尋，則力有未逮焉。

東江水巨型的管道設施

亭下左方為雙魚河，右方石上河

大西洋與印度洋合流處是好望角，河上雙河合流在鎮流亭

START

第二章

西貢沙田

CHAPTER 2

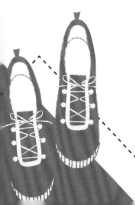

60M

END

黃宜起子探分明

《不入虎穴，焉得虎子》，遊人多止於上窰館而止。
還有起子灣，這樣靚的海灣，黃宜洲，這樣好的村
落，祠堂、人情味，怎能不親身體驗一下。

長度 5 公里

景色 ★★★★★

難度 ★★★★★

時間 1.7 小時

INFO

前段	中段	後段
憑探秘精神 探得黃宜洲	與村民交談 得宗祠靚景	起子灣村廢 碼頭成聯繫

因為興建水塘，不少鄉村需要遷徙，但有些村落，非
在蓄水區或集水區，也會自然淘汰。著名的東北
大村鎖羅盤，六十年代已人去村空，榕樹澳亦人丁單薄，
剩得兩老，亦因交通不便，更受海盜滋擾，結果再去時，
連門也不鎖了；八仙嶺下的橫山腳，七木橋，從未見過
人，燕岩溪上的燕岩村，都是讓藤蔓陪伴頹垣。

去程
西貢市中心94九巴→北
潭涌站

交通

回程
北潭涌站94九巴→西貢
市中心

復興橋古意盎然

導賞路線

https://goo.gl/
5Gi0Ps

太墩　蛇地坑　北潭涌

閣仔

斬竹灣　黃麆地　保良局
度假營

大綱仔路　　　　輸水隧道

長山　　　　小童群益會
白普理營

大綱仔戶外
訓練營　　青洲

海事訓練隊　牙鷹洲
鄧肇堅海事
訓練中心　木魚洲　黃宜洲

斬竹灣

醫療輔助隊　青年會　起子灣
獨木舟中心　青年營

擺頭墩

不涉水系　屬自然村

　　那時交通不便，縱使生活增添困難，居民不會申訴請求，只有自求多福，謀自保，如此而已。在西貢方面，北潭涌在萬宜水庫外圍，不是蓄水區，也不涉集水範圍，這裏還有兩條村，仍然留着任其自生自滅。

北潭溪畔與渡假村園地

上窰已報廢　餘兩村如何

　　上窰村早已放棄，將村造了文物館、灰窰、村屋、生產農具、生活用品，通通留給市民參觀，這上窰黃氏族人，曾要求建造了一條跨溪大橋的了，並寄予無限希望的名字，把橋叫"復興橋"。這裏還有兩條村的，黃宜洲村和起子灣村，它們怎麼樣了。

來港初民以造窰燒灰謀生

黃姓上窰村民捐出圍村作文物展覽

五福堂門樓內是簇新黃氏宗祠

非在主路上　行客不知村

這兩《村》的名字，在地圖上是很鬆散的，這黃宜洲只是橫跨在路線上，使讀圖者難以確定地置，尋蹤時真的抱了隨遇而安的感覺，因此便用最原始方法探路。也因為這兩村（是否有村也不確定）不在慣常用的旅行路線上，（如赤徑），真的問過很多人都不識這裏有村。只一位確實地答覆："起子灣？有村，從這裏直去，下面還有碼頭。"詢以為何從那裏來？則答不是村民，是在那裏工作云。

喜得黃宜洲　更喜村有民

當直行到一個路口，上寫往"白普理"的，便往上試行，竟在到圩前一個岔路口豎有"黃宜洲村"路牌。第一個目標物出現，喜而循之行，落到較為闊落處竟然就是村口，門樓掛着大紅燈籠，大喜，知村仍有人住，還喜是甚有生氣。前面幾間屋已丟空，最裏面一家有多人在活動，整理釣魚用具，還見晾了不少游泳衣物。

村舊祠堂新　五福堂祖祠

知黃姓，居很久，村民介紹村後有祠堂。祠堂甚新，兩邊且有門樓，門樓額書，黃五福堂，聯書：黃裔紛縈四海，宜家繁衍五洲。祖祠題：江夏世澤、宜洲家聲。詢聯意，指他們係落藉香港始祖。份屬同宗，謹以誠意獻上另聯：春歸江夏、花發宜洲。原聯首一平三仄，尾聯四連平。非佳構。祠堂面對海灣，左方翠綠山巒是黃宜州小島，右方是擺頭墩餘脈，海道狹長，景色令人流連不去。

見村牌，更見亮着的大紅燈籠，能不欣喜若狂

起子灣村廢　碼頭運作忙

　　起子灣在黃氏兄弟指點下，更明確了地點與方向，沿出村後小徑，直落到岔口有路牌，斜下，過田間路，彎曲路引向入村台地村口，級下旁邊開有一口小井。村口最大的一間有欄杆陽台，雖廢而未壞，餘屋長滿雜樹。村不大。健行者沿岸道可直出西壩。

宗祠廣場下望碼頭深藏港灣一角，風景絕佳

還未盡毀的起子灣村，已廢。二樓設有陽台

上窰村前山神位，旗竿夾上有字刻

村前有路直落碼頭，至今一直使用

大坳門與清水灣

從前去大清水泅水，真的很大陣仗。現在清水灣好在交通已方便得多，有巴士直達，成為九龍市民的至愛。

長度	5.2 公里
景色	★★★★★
難度	★★★★★
時間	1.3 小時

INFO

前段	中段	後段
除非駕車人 要安步當車	細步樹徑看景看人 一家大小到此盡可盤桓半日	一灘雖細 寧靜怡人

清水灣，人們都知有兩個海灘。初時巴士不到二灘，便都只到一灘去。從大環頭路入，穿過村屋，林蔭下沿級可落到沙灘去。後巴士直通二灘，泳客蜂擁而至。

交通

去程
鑽石山鐵路站91九巴→大環頭路站

回程
大環頭站91九巴→鑽石山鐵路站

大坳門公園入口處

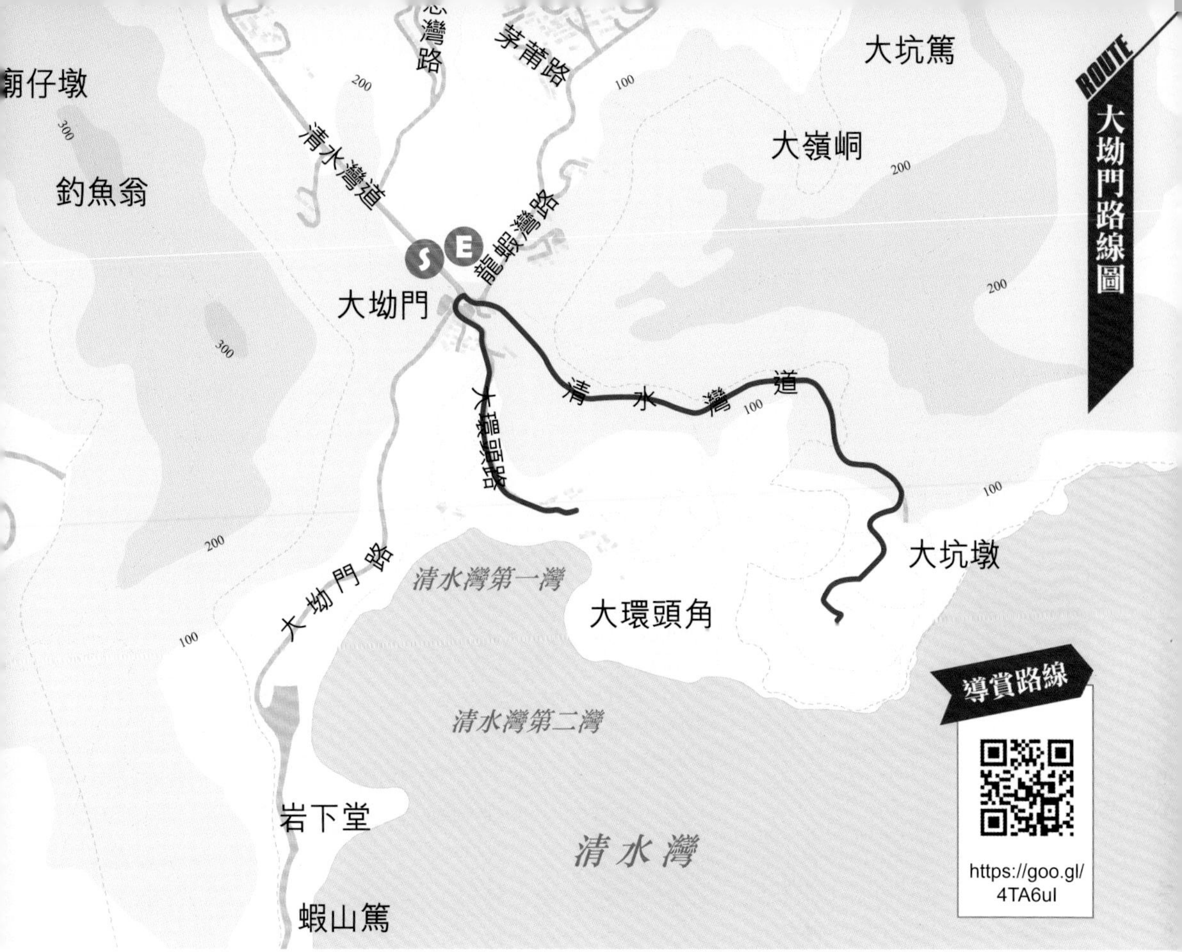

一灘面積細　客少即清靜

一灘面積較狹，岸有泳屋，沙幼水清，有淋浴、更衣公眾設施，不收分文。灣右山坡有小徑可上通清水灣道，灣左小量石屎台臨崖邊，可眺望到大環頭的沙灘和林屋。大環頭是一條幽靜雅緻的近海山村，居民生活優閒，泛舟釣魚為樂。

徑道四通八達，環境清幽

左右鳩築岸徑　發展旅遊項目

建議從第一灣沿崖岸築步徑通入大環頭，此外，更從第一灣右岸，築步徑直通第二灣，與第二灣右岸山坡岬咀，一併考慮加以發展，成為一個具吸引遊人的旅遊熱點。

沿斜上一高台地，頓覺海闊天空

樹蔭下藉椅小憩，神思頓爽

風箏場地雖有大樹，亦覺開朗

層台擁標柱，欲與嶺比高

龐大風雨亭，遮雨亦遮陽（亭左為大嶺峒）

大坳門公園　清水灣泳灘

　　清水灣起初叫"大坳門"，後轉音叫"大澳門"，現在人們都已習慣重叫"大坳門"了。到大坳門就不是泅水，而是步行節目了。這裏盡處已平整成大圓墩，平緩的山坡，谷地也變平滑草坡，風景亭矗立矮矮的山坡之上，使人樂於接近。假日乘私家車到來的，絡繹不絕，把車泊於遠遠路邊，再走不少回頭路到公園去。

龍蝦郊遊徑　要越過高山

　　步入小停車場區，會見到門口有一些路牌，叫其麼郊遊徑的，那給登山者經大嶺峒而落龍蝦灣去。要先跨越200米高地的山坳，然後斜斜下行，再上291米大嶺峒最高點，再北落龍蝦灣，出口就在今之練馬場入口旁邊。

樹木研習徑　繞山走一圈

　　進公園範圍，左手有門樓式入口，是樹木研習徑，因公園路多變，就由此徑引導我們走吧，徑是超級的靚，沿路有樹木說明牌，這裏不一一介紹。有一段路瀕臨海濱，看到峭岸和海水，感到很近很親切。路轉向內而上斜，出口就在一個燒烤場區。

燒烤場區大　受市民觀迎

　　燒烤場區分成多區多層，各自獨立，都附枱櫈，公廁內有盥洗設施，十分方便，故市民都樂意到此燒烤，十時過後到來，便很難找到落足點了。這類活動還是早點出門為好。

風箏場廣闊　做風箏賽場

風箏場位於山的最高點，有標高柱，有亭，地板是石砌平台，較遠的都是平滑草地，樹木疏落地種在下坡，適宜風箏活動。從前有人在這放的風箏都是自製特式形狀風箏。這裏實在可以發展為風箏比賽場地，以發展風箏活動。時下術語，這是一項商機。

讓孩子感受　海闊與天空

家長們其實應多帶孩子到這裏來，即使是年紀很小的，只剛會走路的，讓他們感受到天之高，地之大，海之闊，不再只限於商場大廈，使他們眼睛看廣闊無盡的環境，莫言他們年幼無知，他們會把年幼時接觸到的事物，深印腦海裏，長大後也會記憶起來，其麼叫"海闊天空"。

高崗上雙亭驟出添出風光無限

研習徑魔術般變出雄偉海景色

繚而曲，如往而復

釣魚翁下清水第一灣嬌小而迷人，從馬路直入，村旁有石級直下海灘。

布袋澳與大環頭

鯉魚門，只能食海鮮，不止此的，有廟、有碑石、岩岸，布袋澳也不止食海鮮而已，三百年的，漁村、古廟、浮橋和石刻。城市人，怎能讓它靜靜虛渡！

長度 6.2 公里
景色 ★★★★★
難度 ★★★★★
時間 1.6 小時

054

前 段	中 段	後 段
乘車直入村 看能深入幾許	熱點大廟古 刻意看模型	大環頭村 史齊袋澳 村臨灘岸 環境幽逸

布袋澳，由石角頭和胭脂岩半島相夾，外窄內闊，形如布袋，路過都見到海面，滿是魚排浮屋，只知那裏像鯉魚門係嗜魚鮮老饕去處，少旅行者探遊，今線設定由布袋澳起行，實行深入探訪漁村。

交 通

去程
坑口鐵路站16綠色小巴
→布袋澳

回程
清水灣大環頭路站91九
巴→鑽石山鐵路站

筆者試踏，一步一搖晃，雖有搖動但極安全，也是城市人很難得的經歷，必定要試

村民好客　屋接浮橋

　　小巴站就在村口,接觸村民都友善好客,樂於回應,不會拒人千里外。步向村行,發覺他們居住空間很大,都可以向海發展,只要在浮排上搭上房屋,用浮橋連接即可。向大海討地,不受拘束,羨煞陸上蝸居人。

千萬別小覷,古廟已350年,可見村更古

浮橋試踏　感覺新鮮

　　穿過寮屋,踏上用塑料箱連結,上鋪木板的浮橋,一步一搖晃,但每步都踏實,感覺非常罕有的經歷。村巷有一家門口擺了幾個大鐵蒸籠,說是蒸年糕用,還有幾個電力推動的石磨,把米磨成漿。村民解釋,每年只用一次。居民除了捕魚,還撈昆布,清洗時像扭衣服般,乾淨了曬乾送到市場賣。兩家很大的酒家,以海鮮為主,魚池上養着少見的很巨型魷魚。

一灣布袋水,映照兩岸村

海灣景色，寧靜宜人

曾在此午飯，魚缸有巨大魷魚

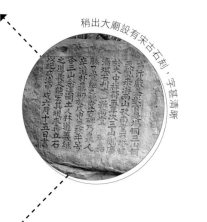
稍出大廟設有宋古石刻，字甚清晰

南堂大廟，形製講究

洪聖宮古　布村亦老

布袋澳廣場上有一間洪聖宮，康熙初年建的了，不叫古廟。從碑記中，知康熙三年（1663年應是遷界而未復）。嘉慶22年（1817年）。光緒9年（1883年），宣統3年（1911年）屢建重修，則可知此村成立已久，350年以上了。今廟貌頗新而形格猶存古貌，值得留意。

天后大廟　宋時石刻

從布袋澳道重上清水灣道，大廟近在咫尺，當然乘機探訪，廟貌甚新，似是重修完畢，廣場下仍有工程。大廟是本港最早最大的天后廟，宋時林家女兒，護海航，極海難，被歷代皇帝勅封由夫人到天妃，而到終極的天后，受三跪九拜禮。拙作《香港行山分級路線300條》有介紹天后詳情）面對的水道，因天后廟而號稱為"佛堂門"，對面是東龍島。

過坳風特大　適合放模型

沿路上行，過田下坳，新建風雨亭，旁有釣魚郎模型，惜未正式啟用而咀已毀。此地因地形夾聚，有過坳而來的特強風，甚受放模型機者歡迎，假日連羣結隊，比賽競技，歡樂氣氛甚濃。

筆者曾建議　清除灘上石

下坡後到第二灣。此為九龍居民夏天最愛泳場。走下訪探，所有棚蓋地面都作翻新，今夏當有新面貌。此灣本來在灘上及海水下，都有幾叢岩石，作者曾去信曾蔭權特首陳述，妨礙泳客安全，應予清除，後回復得知將於泳季結束後有行動。今天所見的海灘寬闊，再無岩體大石，灣邊碎石亦告清除，壯觀得多！現又改修遮蔭設施，當更受市民歡迎。何妨考慮再大加發展。

大環頭村　似武陵源

　　續上有路下第一灣，旁邊從大環頭路，直入可到大環頭。大環頭要走回頭路，因而少人到。其實這裏一灣如月，前望大小清水，風景極佳。灘後都是小屋人家，家家門前地堂，有悉心佈置的，小長桌一張，方椅椅角，長梳化一側，旁伴開花含笑，看來是戶外休閒小天地。戶外有清水灣流，真是世外桃源。村民劉姓，祠堂門聯有彭城世澤，祿閣家聲。客家人家，與布袋澳相若，都來此三百多年了。

大廟下碼頭誕日祈福漁舟極眾

大環頭村與布袋澳同古，村屋故亦極具古意

大環頭環境清幽，沙灘細而灘石礫，不受泳客歡迎，要發展需加意整理

湛山佛樹尋石刻

不要輕忽身邊事物，湛山寺內原來有佛舍利，有成道菩提真株，有天壇大佛，有香港少有的臥佛。更重要是，想想那顆建寺的大願心。比比自己的，是否有一段距離？

長度 6公里	
景色	★★★★★
難度	★★★★★
時間 1.5 小時	

INFO

前段	中段	後段
若無求真心 定必輕率過	感謝李千景 金言受用多	海景壯闊 澎湃內心

九 巴路線91，大坳門口落車，轉入龍蝦灣路，行不遠，有大閘，上書有湛山寺字樣，儘管此路人流不多，放步入內無妨，只見一列瑞獸相迎，雄獅立於麒麟中央，既文且武；哼哈二位門神，為魑魅魍魎擋駕，休得進來。

交通

去程
鑽石山鐵路站91九巴→
大環頭路站

回程
大環頭路站91九巴→鑽
石山鐵路站

湛山寺離近馬路，但要上少許斜路，少人進出

龍蝦灣

白排

龍蝦灣風箏場

柏濤徑

相思灣

平托坑山

龍蝦灣路

廟仔

相思灣路

茅莆路

大坑篤

大嶺峒

清水灣道

大坳門

龍蝦灣路

大環頭路

清水灣道

清水灣第一灣

大坳門路

大環頭角

大坑墩

導賞路線

https://goo.gl/
9lPbhM

寺容軒敞　佛樹秀挺

　　上到廣場，大雄寶殿廊廓軒然開展，好個王者氣派，兩旁分伴多層金塔，青銅望海觀音立蓮台中，企立銅鐘座落一角，佛祖成道斯里蘭迦送贈之菩提真樹分支枝植於鐘側，亭亭挺秀。

麒麟石像迎你進入大雄寶殿

大殿五佛　樂奏綸音

　　踏進寶殿，佛龕上白玉佛祖端坐正中，兩旁分別為阿尼陀、藥師、彌勒與觀世音；供桌前還有巨型木魚、巨磬和大鼓，每當誦經段落，司樂者即金鼓齊鳴，莊嚴而沁人心肺。

殿內除供奉釋迦牟尼佛外，還有多位佛老

從石刻所在處，下望海岸景致極佳

龍蝦灣石刻，香港有數的古石刻之一

出湛山寺，路向下行清靜，少車行

湛山齊名青島　寶燈力底於成

　　湛山寺與青島湛山寺同名同源，寶燈大師繼承虛棪創始人遺願，得名流巨賈協助，力底於成，又得斯里蘭迦高僧送贈佛祖舍利國寶，及佛祖成道菩堤樹真身分株兩棵，今尋得植廣場鐘側一棵，為尋舍利，意外得天壇大佛像及臥佛龕（均見附圖），舍利塔則只有虛棪及馬寶燈大師之塔，云斯國有助建大佛舍利塔則未曾見。

未睹舍利　另有所獲

　　先哲教導必探其極，事事追尋，果真有所獲，不枉再度追尋。繼而沿路下行，見樹半棵，猶藝新葉，其幹實已傷痕甚劇，乃專門來港盜寶者所做得好事。本港野生土沉香將被盜迨盡！執政者似無計可施，任由盜樹者來去自如。

釣魚山下　豪宅成堆

　　順道而下，放眼釣魚翁山脈，半腰一列洋房，乃永隆街豪宅，紅屋簇擁成堆，是清水灣道上巨廈，等閒不易問津。路邊有電桿拉着電線，中繫圓盆何為？乃絕緣者，防止高壓電力洩漏傷人。故還是勿近距接觸為宜。

騎馬訓練學校的馬場

石刻成古物　欄銹可傷人

　　過兩屋村路口，轉彎後出現一道鐵欄梯級，直透海濱，是參觀古代石刻所在地，扶着鐵欄而下，轉出岸邊，風特別大，要拉着扶手才覺安全，石刻頗大，紋理密密麻麻而精細，但不解內容。欄河銹蝕極甚，有斷裂之虞，勿過份倚賴。

從另一門口進入，竟有縮版天壇大佛

龍蝦不成灘　何以對世人

　　重上路，過大石壁，小海灣出現，就是龍蝦灣了。灣多石，又因炸毀走私用石碼頭，更見石板成堆。灘不成灘，更遑論想見見龍蝦了。

馬場可練馬　培養接班人

　　穿過森林隧道，眼前一亮，是練馬場區所在，風箏場，風景亭及龍蝦灣郊遊徑，都從此進入。右方一道石梯從山上下來。是登山的其中一個入口，登山後彼端出處，就是清水灣郊野公園的入口。

大佛下還有少見的臥佛

光說資源短絀　既有卻不整固

　　觀景亭四周圍滿林木，無景可觀，值得改善。風箏場地方夠闊，地上多突石，易造成放風箏者陷阱，需加工整理。古代石刻鐵管銹蝕穿洞易斷，慎防演變傷亡事故，要修理。

這就是有名的龍蝦灣，浪得虛名

海下果然好風光

海下是交通的終點，它卻如一位鄉村姑娘，獨處深閨之中，它不會向你招手，卻盼你多些到來。

長度 6公里

景色 ★★★★★

難度 ★★★★★

時間 1.5 小時

INFO

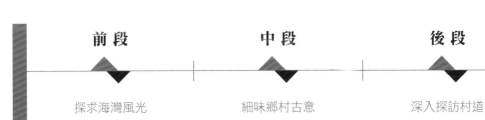

前段

探求海灣風光

中段

細味鄉村古意

後段

深入探訪村道

行完白沙澳古道，心情勁靚，覺得林蔭下結實的村徑，兩旁流水，時左時右，林泉交結，給旅途人難得的享受，心中一份滿足感，使自己樂得幾天，就是帶着這些愉快，不憚交通的麻煩，又來到了海下路的盡處。

去程

西貢碼頭 7 綠色小巴→海下

回程

海下 7 綠色小巴→西貢碼頭

交通

海下村中有士多，門前多彩傘

灣仔排

串螺角咀

白沙澳

灣仔

100

大嶺墩

海下灣

南風山

100

白沙澳
青年旅舍

南風角

S E

海下

爐仔石

100

海

大　灘　海

下

導賞路線

https://goo.gl/
90xuII

路

100

白沙澳
青年旅舍

100

雖然隔涉　已得地利

　　這已是得交通之利了，較之白沙澳、南山洞更接近馬路邊。村屋替自己做了些屏蔽：稍進然後是一個較寬敞廣場，七彩太陽傘和帳篷下擺了怡椅，旁邊圍滿盆栽，是可以飲咖啡，吃杯麵小賣店，面對的大棵雞蛋花樹，纏滿綠藤通道深處，是一戶精緻門庭的人家。左方一條狹狹石屎路，通入圍欄，大榕下架滿獨木舟；紅木林也盡力在爭取生存空間；圍欄外一戶人家，正在細心護理着陽台上的植物，都長得高大，生機旺盛：在這小店憑欄喝杯熱飲，閒眺四周，已是不錯的消閒享受。

綠林深處，自有人家

士多旁有小小圍村，三伙人家，中是"翁家祠"

亂石中最高的一塊，就是東風石，敲之鏗然有聲

造窰燒灰，先民謀生方法之一

海下風景一流，水靚灣美

小小圍村　有翁家祠

小店過去，是一道矮牆圍着一組三間舊屋，只有一戶人家，末的一間殘舊而空置，中間是一家小小的祠堂，倒也新修過，金色字寫着"翁家祠"，很低很低調子。這組房子的圍牆外方是雜樹和亂草，再往外面是紅木林，林外就是海灘了。

村後灰窰　二百多年

過了這組村屋，樹林後一列砌得整齊的石牆，躲在亂石後面，仔細看，原來就是海下有名的先民遺下的灰窰，是二百多年的舊物了，那時他們從內陸來到香港，為了謀生，耕種要田地要種子，捕魚要網要魚鈎，燒灰只要砌窰和挖珊瑚，蠔壳即可。海下灰窰是保存得很好的一個，列入法定古物。

灘好可泳　需要自理

再行，路很貼近海灘，有路可通出沙灘去。岸邊林樹下擱了不少獨木舟，出林後，沙灘不錯，灣形優美，沙幼水清，是游泳好地方，只是無公眾設施，一切自理。

岸邊無標誌　尋回東風石

左方灘上，亂石成堆，堆上頂端有長石一方，略呈彎形。腦海中依稀記得，這應該就是敲之會響的"東風石"。灘上要找塊石頭不易，卒之挖得鎚狀石塊，爬上石堆上試敲，果然咚咚作響，有金屬聲，對了，這就是可以敲之發聲的東風石，為何沙灘岸邊無此指示路牌呢？難怪許多路過遊人都不知有響石。連在這裏工作的清潔工亦不大知道，我今已將石鎚放於東風石上面，看看能保留多少時間。為何不立個牌呢？

不憚崎嶇　可續前行

　　找到灰窰，找到東風石，心中已覺安慰，回路上續行，上斜路少許，林隙中回望東風灘左鄰，還連接長長巨灘，喇叭深處是營地，長灘連接的一枕高山是担柴山餘脈。對岸的是我們由此方北行，過攔路坳後的大嶺整半島，咀端即鼎鼎大名的棺材角。石屎路到海岸生物研究中心而止，若過攔路坳南行，可落大灘。

此窰規模不細

出碼頭回望海灣隱約可見東風石

若再前行，有少許崎嶇了

海洋生物研究中心，門不常開

白沙澳南山採荔

西貢郊野公園，分西貢東和西貢西，人多趨向東，
東交通方便，巴士直達。但西貢西亦有很多靚地方，
好環境，搭多次車又何妨？

前 段	中 段	後 段
踏入徑道 已教人驚喜	幽林坑道 環境清幽	在南山洞村景靚 荔枝莊路有上塔

白沙澳，昔日的印象是破落的，殘舊的，轉角舊屋二
樓，還傳出有呼號噼叫，似是病態者的特有叫聲。
今日，白沙澳怎麼了，而可告慰者，路線靚極。

去程

西貢碼頭7綠色小巴→海
下白沙澳青年旅舍

回程

海下白沙澳青年旅舍7綠
色小巴→西貢碼頭

纏藤把屋全遮蓋，人跡久疏了。

角仔

大白角　渡輪碼頭 E

明愛小塘
賽馬會

担柴山

海下

白沙澳
青年旅舍

海
下
路

白沙澳
青年旅舍 S

雞嫲峒

南山洞

白沙澳

蛇石坳

老虎騎石

海
下
路

導賞路線

https://goo.gl/
TZvoBO

猴塘溪

大磡

黃石水工
活動中心

海下西貢西　赤徑西貢東

　　從西貢西需專程乘海下線小巴；車入北潭道，過了
高塘，轉入海下路，過猴塘溪門樓；直抵海下前一個站，
寫明"白沙澳"的路口落車。

蕨葉是國葉　奇偉是國鳥

　　有一隊人約十餘眾快步而入，殿後隨之。石屎路，
雖微雨而不滑，兩旁有欄，或網或欄，林中伸出大叢蕨
葉，昔人稱為黃狗毛，摘其塊莖中生出的金黃色幼根，
壓於流血傷口上，稱可以止血。梧桐寨瀑布道上頻見。
在新西蘭的公園更多，而且非常健壯，因是新西蘭"國
葉"。奇偉鳥則是他們的國鳥。

白沙澳路旁蕨葉，亦新西蘭國葉(花)

屋雖擁有碉樓，已被亂林侵佔

南山洞村口的修路紀念碑

南山洞村前皇坪有石廳一座

南山洞有洋人居住，屋子喜髹全白，右鄰舊屋顯得殘破不堪

交通縱不便　多有洋人居

石屎路又闊又平，色澤帶淡淡橙紅，很有好感。鐵網後出現廣場和橙紅建築，是青年協會的會堂之類建築物。之後出現了白白的美觀的房舍，不是一家，而且左右隔籬都是，有點似希臘的白屋小島。原來是洋人租住了，都把屋髹了白，看來新潔很多。門口都長了觀賞植物，轉角處門前常青藤纏滿棚架。後面高台一排平房倒未見改動過，依舊的格式，霉舊的色調，固守着老樣子的執着與堅持。翻新後的雪白有生氣，灰舊的老態龍鍾，兩者我取其前。

田園居不易　今人難上難

村屋盡處，緊連大片已開耕田壟，顯示這裏仍有人眷戀着田園居的生活，這些生菜、葱、茄子，佐膳做菜，吃得安心。整片農田都圍上綠網，不可以防人，但是可防鳥。

造路紀念碑　多謝有心人

路少許上斜，路邊樹下有石碑，頂部成三角形，上書"福有悠歸"，係 KAAA 造路紀念碑，1959 年 5 月大埔理民府立。該年代鄉村路係得到一位熱心公益的嘉道理襄助建造。多的是在路末端刻上 KAAA 字樣，但翻修時便被除去。

溪路時左右　南山居洋人

路傍溪行，時左時右，故路亦時東時西，溪大而深，但流水未豐，不聞泉響，環境則極之幽靜舒適，空氣充滿陰離子，使人舒服。過閘水堤不久，岔口可入一山村去，即南山洞了。村位高台上，左方白屋洋人所居，右方舊屋今仍廢置。白屋非常整潔，門口大太陽傘下有長桌，台下方有蓄水池、石磨，平平草地種了觀賞植物。昔日只路過而不知村。今見仍有人居，相信只有洋人才有這種堅持，因實在太不方便了。

直往荔枝莊　南山可折返

　　村口有指路牌，前行可往荔枝莊和深涌。我沿路直到荔枝莊去，村口有石絞一份，二合一可用來絞蔗。直出海邊有碼頭，疲者可候船返馬料水。荔枝莊後，勇者可直趨深涌，然後於深涌候船歸。

荔枝莊村更深入，好在村外有碼頭

荔枝莊村中祠堂，有翻新過，型制較之錦田鄧氏者簡陋

荔枝莊村屋一景

村屋門樓內裏有人活動

榕樹澳水灌企嶺

企嶺下海岸的引水道，就是沿着雞公山而築，故沿途會見到水務設施，若循之入，便是雨後飛龍、飛鳳兩大瀑布所在。

長度 11.4公里

景色 ★★★★★

難度 ★★★★★

時間 3 小時

INFO

前 段
第一休憩地
宜看馬鞍山

中 段
海中閃亮處
船灣淡水湖

後 段
天梯上嶂上
平走到深涌

從前，人不知有水浪窩，只知有企嶺下，有企嶺下海。若要到企嶺下，非常隔涉。直到1980年西沙公路建成，公路就在企嶺下旁邊經過。村民特別是遠足人仕大感方便。卻帶來了"水浪窩"的興起。水浪窩近山，企嶺下近海。

交通

去程
沙田市中心平台巴士總站299X九巴→水浪窩站

回程
水浪窩站299X九巴→沙田市中心

遙望企嶺下老圍村屋

企嶺下海　形似喇叭

　　企嶺下海灣像個喇叭管形，是巨形沖坑出水口的地方，地理形勢是位於兩座大山脈夾縫之中，左是馬鞍山，右是雞公山，山間泉水都朝向這個喇叭形大口袋灌下來，使得這裏形成泥灘淺岸，給人以土地肥沃，山明水秀感覺，同時是水塘重點集水區。

沿車路直去榕樹澳

企嶺下海，漁排處處

漁排外遠處白色堤岸，船灣大壩地

大休憩場，旁有木亭，亭旁有榕樹

簡單浮橋，代替碼頭，亦妙法也

修平堤岸　方便赴澳

我們現在前往的榕樹澳，就是沿着引水道堤岸前進。從前這條"堤岸"，為了溢洪緣故，都在集水力較強的位置特別降低圍堤高度，造成缺口，讓過多的泉水溢走，這種溢洪缺口沿途所見，不下十餘個，濶度有些十來尺，有些廿餘尺都有，故堤面不能行車。自從把堤面鋪平後，汽車可從馬路直駛到村去，交通方便，村民的生活也得改善，經濟亦得發展。榕樹澳的村屋不再爛尾，不再只有牆不見屋頂。

黃花不依舊　村貌更全新

從前從深涌進入榕樹澳，在田中小路通過，田上種滿油菜，都高高長出黃花，非常壯觀，而所見村屋，不少只蓋屋牆，未有封頂。今天所見，都是新型房屋，油菜田不見了，村前都是房屋。

彎水泊舟　其名為澳

這裏為甚麼叫"榕樹澳"呢？"澳"是指水之屈曲處

而可以泊舟的地方，它較"灣"細小得多。為此水濱的鄉村据形可以叫澳，在山上的村叫澳，便有點風馬牛不相及了。而這裏叫"榕樹澳"，顯然是村裏有長得特別壯大的榕樹，可以作為地標，故取之作村名。村口是有棵大榕的。

既有大巴　亦有小巴

前往榕樹澳，沙田有299X西沙線巴士，在水浪窩站落車，往東南行百米，見隔馬路有木門樓，上寫"水浪窩"者，再前行到路口，密集的路牌有寫"榕樹澳"的，轉下行就是（再前行少許，是西沙路5號燒烤場，有公廁）。這裏是雞公山出入口，對面是馬鞍山出入口，經黃竹洋村。

傍雞公山腳　內有登山口

斜路頗長，落入平路後，前行約一里右方有明顯登山口，是上雞公山的另一登山口。再過到第1休憩園地，是近眺馬鞍山最佳觀景點。山下鄉村屋就是企嶺下老圍、新圍。海上船排陸續出現，還有釣魚場供釣友垂釣。

集水成龍鳳　水旱都升天

雞公山下當出現鐵閘之類集水設施，便是水流充沛所在地，下雨天山上會有瀑布急流，汹湧而下，非常壯觀，定名為飛龍及飛鳳瀑布，冬天水涸，龍鳳俱飛到天上去了。而在路邊草旁一條長十餘尺大蟒，似不耐腹肌，又無處覓食，無奈地攤在路上。前面高山是黃地峒，高153米。深涌在它後面山下，山咀處是深涌角；遠海亮白處是船灣大壩，八仙嶺模糊於其後，稍近海上小島是三杯酒及烏洲。榕樹澳村沿海濱可往深涌，村後則有登山徑上嶂上。

箭咀示處，大蟒蛇耐不過飢餓出來覓食

鐵欄盡處，便是榕樹澳了

T字路口，右方可上接嶂上，左可往深涌

榕樹澳的小小祠堂

企嶺下馬飲三杯

三杯酒,只是一個小洲,上有三個土墩,人們愛把它形容像拜神時案上的三隻酒杯,一排並列。另有兩土墩,又為它添上"兩杯茶",一直流傳至今。

長度 12公里

景色 ★★★★★

難度 ★★★★★

時間 3 小時

INFO

前段	中段	後段
企嶺下海風景靚 不妨仔細好端詳	村中有舊圍 勿輕易錯過	海濱徑幽靜 何妨多逗留

從海下到白沙澳,南山峒,再到榕樹澳,走完了企嶺下海東岸,現在走到西岸的企嶺下老圍開始。企嶺下老圍的村民,是首先進駐並開發這片土地與海灣的拓荒者,用政府術語是原居民,而且應該是開發這地區的第一批居民。

去程

沙田市中心平台巴士總站299X九巴→水浪窩站

交通

回程

田寮站299X九巴→沙田市中心

馬鞍山下,樟木頭村屋孑然獨立

導賞路線

https://goo.gl/
DUc7mH

村民叫 "企嶺下"　佢地最夠資格

　　當村民在開發村地時，發覺村的所在地，正正位於一座形如峭壁垂直企落的山嶺之下，因而把自己村名為 "企嶺下村"，自然附近地方也叫 "企嶺下"，面前所對的海也叫 "企嶺下海"。等會兒當你進入村內，會發現這企嶺下村真的很大，由海灣篤一直到喇叭口附近，海中有攔波海堤處，你會同意他們是最有資格把這地方定名的第一批居民。

水道旁多長紅樹林

老圍到新圍　新圍抱舊圍

　　從西沙路入，過低地抽水站後，接觸的第一批民居，是高高的在山坡之上，一組又一組，所謂四四方方的洋房式；再過以為是另一村，村民説還是老圍；直到一陣密集式房屋過後，隔一堆樹林，才是新圍。新圍範圍更大，兩大群屋苑後，以為到了西徑，村民説仍是企嶺下，那邊是

這是新圍中的老圍，讀者勿遺漏觀看

從企嶺下村盡處回望新圍一瞥

近看三杯酒，伸手可及，不似，只因角度不同

井頭村外碼頭

老圍，這邊一路過去是新圍。這裏有一間真的"圍"村，外貌和形式都很舊了，是一種一字排開的客家屋形格。有牆圍着，鶴立於新屋群中，是"新圍"把一間老圍村抱着。

西徑村較細　村後通西沙

芋田過去，就是西徑村，徑前路邊多野芋，芋葉田田高舉，如今都被剷除，變成石屎馬路，非常新潔美觀。它們的村後，當然是靠近山坡，村民把山坡開發出一條通道。不但行人，而且可以行車，通上西沙公路，因此村民出入，可以使用自己的村道，而不用經從企嶺下新圍、老圍而後上水浪窩出西沙公路去。

西徑村有路　直通瓦窰頭

西徑村尾留有一個出入通道，離村便踏入坭徑，有幾塊四方巨石屎疊放在路中，防止車輛進出，從這條不大雅觀的通道，可以進入瓦窰頭村。東北六村其中也有村名瓦窰頭的，搬村後被政府不知何故抹掉，只寫新村。村民也不解何故。

大洞只路過　井頭有路通

瓦窰頭村不大，四周高大喬木，有村屋仍在興建，靜寂不見人。直入村道靠左，得泥路，沿大型建造工程圍板下小徑直出，有大洞路牌，卻不見村。出接井頭村路，過俱樂部後直入到村中心，沿小巷出到海濱，找三杯酒去。

碼頭三杯酒　遙指雞公山

遊樂場外有長形碼頭，碼頭對岸高山便是曾繞之行的雞公山，稍行再有碼頭，新建的石屎造，是私人的，像是一個農作物集散場地，甚具規模。沿海濱幽徑出，得三杯酒小島及另一碼頭，並有風雨亭。沿海濱再回到井頭村，發覺海濱越來越靚，屋新潔，草地平滑，亂草雜木消除，這是有建設的好處，使環境美化改觀，有人說是破壞了舊有環境，但改好環境，又有何不好？難道雜亂無章好？

迎面石屋山，於此山得看全貌

三杯酒碼頭風雨亭

井頭村風景靚，設施齊備，水陸皆宜

從井頭方遠望三杯酒碼頭與海岸

樟木將軍陷泥涌

旅行途中，如果能發現舊日事物，包括遇上遺忘已久的村落，會特別感到興奮，但可惜"將軍里"、"鬼婆樓"都已消失，甚至問訊無從。

長度 5公里

景色 ★★★★★
難度 ★★★★★

時間 1.3 小時

INFO

前段	中段	後段
鬼婆不見 將軍失蹤	樟木頭村 西貢大埔跨區	泥灘捉蟹 啡座嘆茶

曾 經從榕樹澳到企嶺下那邊走到井頭三杯酒，這一回反向從烏溪沙逆走到井頭，目的是要把十四鄉都走遍。而往西鐵站出發較輕易。

去程

烏溪沙鐵路站

交

回程

通

井頭807K綠色小巴→烏溪沙鐵路站

馬鞍山下．樟木頭村屋巍然獨立

吐露港

烏龜沙咀

烏溪沙

長庚　　　落禾沙

十四鄉

泥涌

井頭

烏沙

馬鞍山繞道

十四鄉

西沙路

牛押山

吊手岩

　　烏溪沙今天已發展成馬鞍北面新市鎮，從1980年代起，銳意投下三項大型建設，即1.貫通西貢到沙田的"西沙公路"，2.吐露港的填海造地工程，3.建造大老山遂道和橫貫公路工程為重心，建立市鎮雛形後，再將九廣鐵路加建大圍至烏溪沙支線。烏溪沙遂成為地方的交通樞紐。

"將軍里"已消失，只餘空地

明清已有渡頭　新安縣誌早載

　　烏溪沙早在明清時代，已是十四鄉一帶居民，把農作物搬到這裏的渡頭。運到對岸大步墟出售了，此地之有渡頭，新安縣誌已見記載："烏溪沙渡自烏溪沙往大步頭，渡一隻，原承餉銀四錢"。可見頗有來頭。

西澳村社壇

泥涌碼頭雖廢，餘下石柱仍屹立有勢

村旁大樹樹側古井及井神

人工砌出石陣，儼如長蛇

舊物多消失　新廈續出現

　　造地發展的結果，大大改變了地貌，原物消失了，地貌無從尋覓，有些則在逐漸消失中；因此愛旅行的朋友，應在旅行途中多點關心周邊事物，留些記錄圖照。比如我詢問村民，將軍里在那裏？鬼婆樓又如何？答以都拆掉了，甚至說不知情。而落禾沙，已經是大型屋苑的天下，還在繼續興建中。

穿隧道上　即樟木頭

　　尋找樟木頭有點戲劇性，因已去到落禾沙，惟有穿馬路隧道再上，上面就是樟木頭，舊印象應只在馬路邊，現今是高速公路攔村而過，只有一條村內馬路，幸尚有一種繁榮氣息，並非一片蕭條感覺。村中稍行，路邊豎了小門樓，上刻"歡迎蒞臨西貢/大埔區"字樣。證明這裏是一個跨界點。房屋一直向前伸展，約一公里有多，到迴旋處，是將軍里了吧？

只剩空印象　將軍已茫然

將軍里現已被政府收回，鬼婆樓也早拆去。一般人也不知有此。是老一輩村民才懂得答問。如今所見，只有絲網一直延伸到山邊，空地一片，對面則是水務工程大廈。復出，街道還見有"前樟木頭"、"後樟木頭"指向牌，這些要待居此村民才能知曉，即使查問，也會受人質疑了。

西澳村舖　多做地產

再過便是西澳村，只見村屋樓下都是做地產買賣，真是地產舖多過米舖。再過，有土地公在大樹下，也有乘涼桌椅。橫過馬路的下方，仍是西澳。盡處有一涼亭。

泥涌舊貌　印象難尋

泥涌在巴士站下方，穿小徑出，矚目的是一條破了的石碼頭，岸處還有彎曲蛇狀石堤，不知何用。泥灘感覺不如昔日般大，可能水漲之故。泥涌最著目的當是路旁的"西沙餐廳"聖誕裝飾仍保留，太陽傘下喝杯下午茶，該是相當舒暢的快事。泥涌村上上下下，俱多食店。是尋食好去處。

連村串走　夢想難現

再過有官坑，馬牯纜，本擬由村路串走，卻被勸說不宜，因多有網圍村，不能通走，在入去試走一輪後退出，直到井頭村大路入，在俱樂部場地拍了近黃昏的照片。井頭村不用拍了。

古樹生機仍盎然，下有樹神社壇，猺人有拜樹習俗

馬牯纜村內風光

村口內望馬牯纜

烏溪幽徑出水坑

烏溪沙泛指一個地區名，造了鐵路總站，成樞紐中心，巨廈相繼出現。其實它還包含一些舊村，如渡頭灣村和長徑村，落禾沙中還有鬼婆樓。值得旅行人仕留意。

長度 3.9公里
景色 ★★★★★
難度 ★★★★★
時間 1小時

前段	中段	後段
尋找舊村 趣味盎然	得村舊址 最感得意	新陳代謝 無可避免

車站所在地依地圖所載，應是貼近鬼婆樓，甚至是在其原址上建造，因由站上天橋通出，就是落禾沙所在。如今已建成的"迎海"大型屋苑，苑外隔馬路有樹叢，有石徑可通出沙灘，叫人意外的好感是，彎月形灘並不細窄，具氣派而水潔沙幼。所謂舊日的"落禾沙"不見了。這就是剩下來的"落禾沙"海灣。

去程
烏溪沙鐵路站

回程
馬鞍山鐵路站

落禾沙剩下無論形貌與灘形都不錯的沙灘

烏溪沙

長庚　　　烏溪沙路　　　落禾沙

烏溪沙　　　西　沙　　路

西沙路

馬鞍山　E

馬鞍山　　馬鞍山路

馬鞍山繞道

馬鞍山繞道

100

200

100

200

300

導賞路線

https://goo.gl/
cmcGXV

第一目標　渡頭灣村

　　從沙灘回到馬路，重型建築機械經圍板後聳出，這被奪去的舊村仍在發展中，三岔路口各有特色，馬鞍山方向而得到第一個目標的位置，就是渡頭村，現址是寫"渡頭灣村"。街口有空地農場，堆滿春節用盆栽，主人說此地已是渡頭村了。

　　古老村屋出現了，沙灘超靚，老村極舊，有破落感，四棵纏滿氣根的大榕，掛上渡頭灣村的路牌，循之入，除破屋外，還可通出沙灘，寬闊的沙灘較遠一方，插上幾柄太陽傘，傘下圍着一些食客。於是回到村路，發覺這裏有非常原始古舊鄉村味道，是獵奇繪畫的好去處，例如樹下幾個老人，在掛帳下圍着方桌，尋找他們消磨永晝的歡樂。

原是落禾沙村，今變作迎海大廈

車站附近的空地是青草和泥坑，令人費解

沿海邊行有一條渡頭灣的古村

村旁一棵怪形大樹

一路之隔　林分兩邊

　　出了渡頭灣村，路反而更闊更直，路的右邊是紅樹林，左邊是常見的本土品種喬木，一路之隔，似乎分了個楚河漢界，而紅木卻不是矮矮密密，呈現爭高鬥長得壯大似的。

長徑古村　終於出現

　　左方出現舢舨租賃帳棚，右方有路通出海灘，是長徑村範圍，但要稍過才出現村屋和信箱架。對於渡頭村和長徑兩條目標古村，是放在要尋找但又信心不大的情況下，終於都已找到，內心自然感到欣慰和喜悅。

老村新廈　兩個世紀

　　長徑過後，再行小段村徑，便上到另外一條海濱長廊去，仿如從一個五十年代的鄉村，走入到千禧年代的

村外是沙灘

村外路靚座椅設施很有現代感

長徑村口除信箱亭外，就是一列短柱

公園後就是一個現代化的長廊相接

城市。前面出現大海灣，黝黑泥灘上最矚目的是一道雪白的波浪形上蓋的碼頭，長長的從陸地硬伸入海中，很有霸氣。據說是新建的，代替那舊的已破的碼頭云。去舊立新理所當然。隔鄰一邊灘上有人砌了一個石仔堆成的心形圖案。不少人為它留影。

現代長廊　悉心佈置

　　這是馬鞍山海濱長廊，悉心佈置和設計，欄杆、圍墻、座椅都特別款式。特意的花壇，還有公廁兩處，飲水器，還有風力發電機，扇葉正隨風鼓動着，產生電能給廊上附近 LED 燈作照明用。望向對岸便是科學園，它的後山便是中文大學，教學樓和教職員宿樓，分佈山中上下。海上不時有快艇風馳，湧起的長條白浪，上面還拖着滑水愛好者。行盡 3.3 公里長廊，可從信德學校旁穿出，旁邊就是大水坑鐵路站。

之後是沙灘和長長碼頭

望梅止渴話曹瞞

沙田大水坑有梅子林，東北荔枝窩後半山，也有梅子林。沙田梅子林，村內仍有人住，東北梅子林，已成癈村，剩下柚樹，果實成長，留給遊人解渴。

長度 5.3公里
景色 ★★★★★
難度 ★★★★★
時間 2小時

INFO

前段

輾轉村道
另有情趣

中段

沿途林蔭
風景不錯

後段

坑深路細寮殘
似非舊日桃花

這 一程，也是由大水坑出發，但不往外邊行，而是向裏邊走，探 "梅子林" 去。是從前村民通往西貢的一條古道。再前面還有一條古村，叫茅坪。

　　說到梅子林，使我想起三國時代一個人物，叫曹孟德，名操，孟德是他的字，小字阿瞞，諡號魏武帝。在

去程
大水坑鐵路站

交通

回程
大水坑鐵路站

大水坑舊村入口，路口的避雨亭

大水坑

寧泰路

大老山公路

恒應街

S E

大水坑

富安花園

梅子林路

梅子林路

大老山公路

鹿巢坳

公角

公角山路

導賞路線

https://goo.gl/
oEWmNE

後期位至承相，頭頂上司就是他賴以號令諸侯的漢獻帝，常被諸葛孔明罵他漢賊，挾天子以令諸候的。為人足智多謀，想謀朝，但纂位卻到他的大兒子曹丕去實行。

天下英雄　使君與操

一次曹操約了劉備宴敘，酒過三巡，他一邊向劉備勸酒，一邊試探劉備的虛實，曹操爆了一句："當今天下英雄，唯使君與操耳！"，劉備一聽對方竟提到自己，難道他已看透自己心意不成，心慌意亂下，竟然把拿起的匙筷也丟落地上，適時天上打了響雷，劉備借雷掩飾，對英雄一語隻字不提，劉備以為避過尷尬，而曹操是否真的被瞞倒呢？

水坑左邊是舊村，它擁有與瀝源同是沙田最早鄉村的歷史

從富安邨內，推開閘門過橋上馬路去

庇佑來往行人的土地社壇

梅子林路上避雨亭

這梅子林路旁小屋早年住了位老伯

入村前一道坑橋

梅子夠酸　想起止渴

　　時三國還未成形，曹操還在京城擴張領土，雖值盛夏還領兵攻打張繡，卻是曠野百里，無村無樹，兵員缺水，叫苦不絕，下屬頻請"主公想法解決"。曹操躍馬上丘瞭望後，回來便向三軍發令，只要前行不遠，便有大片梅林，足以解渴，士兵聽了，立即口生津液，口渴暫解，前面有無梅林，已不重要了，所以曹操不止是"奸"，而且是奸中之"雄"，故曹操在三國人物中是一位"奸雄"。

梅子林村　茅寮老者

　　五十年代，路過梅子林，係從上方的茅坪下走，再出大水坑，時有茅屋一方，住一老者留守寮前濕地，種滿富貴竹，俱幼弱不堪，實難以出售於市。於是老伯與幼弱富貴竹，常留於腦，時有興起再次探問之意。

大水坑　沙田圍　客家村

　　再回頭細説這"大水坑"吧，它是與"沙田村"共生的老村，俱是十九世紀年代，清朝遷海界而復界後才立村的兩條客家村，直到今天，只差點點便兩百年歷史了，村老，村民自然也屬原居民。適巧碰到位舊村居民，告訴作者村有正式舊村，在裏面，新的在路邊外面。告以想探舊村。

路橋下一道水閘，蓄水以利灌溉

大水坑舊村　新村似丁屋

　　沿所指從亭側路口，斜向下行，經過大榕樹下社公神壇，再穿過屋罅，如入武陵源洞，豁然開朗，除了朗朗陽光，所見屋舍都令人耳目一新的舒服感覺，並非如想像的殘舊茅寮，帳棚窄巷而已，這老村面對的是由一道矮磚牆圍着的常見的四方丁屋，這就是較新的大水坑村，一直到富安花園去，其間隔着大大的水坑。真的名副其實。

089

水坑梅林古道　梅林茅坪西貢

　　再探田媽媽農莊後，回到富安花園，踏上梅子林路，直上過了五座涼亭，路盡入村道，不遠處從鐵網中遙見田邊方形茅寮了，茅寮依舊，不知人面如何。更高處成排村屋，有路通花心坑，都是昔日村民由沙田往西貢的古道，古道上有"左通西貢右通大老"問路石，我們今天踏着的大水坑村路已改成石屎馬路而已。留意馬路左方斜坡編號7SE BF21，有徑可落到水坑去。我就是從這小徑落到水坑去，拍得本頁一張石澗式照片。回出坑口，是一處聚集漁舟的"洞天"。

梅子林路上有小路可落到大水坑去

水坑的出口就是海，橋下有不少小艇

START

大埔

第三章

CHAPTER 3

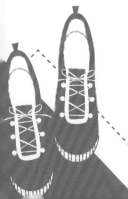

沙螺洞錦繡花田

文人的山水文章，是案頭山水；自然界的山水，是地上文章。薰衣草、黃花田，簡直是地上的錦繡文章。種的人惜之，看的人也要惜之。人生要做的快事，可種花田。

	長度 5.8 公里
景色	★★★★★
難度	★★★★★
	時間 1.7 小時

INFO

前 段	中 段	後 段
斜坡在前 留力慢行	遠是斜坡 倘力不繼可搭車	看到花田疲勞盡去 細意感受種者的用心

"盆栽" 是把植物栽在盆上，一旦把它叫做"盆景"，那就是把"景"植入盆中，後者的級別也隨之提高了好多倍。前者不過是園丁工作，後者不止作為園丁，更是文人、藝人的心血工作。他除了基本的澆水施肥，還要把它構成景，將現實或構想具體而微地呈現出來，可以成畫，可以成詩，一篇文章，需時動輒以年計，故盆景是文人的山水文章。

交通

去程
大埔墟鐵路站 74K 九巴 →鳳園路站

回程
鳳園路站 74K 九巴→大埔墟鐵路站

中途的涼亭，可小坐休息

沙羅洞

沙螺洞路線圖

ROUTE

香港童軍
訓練中心

露屏路

洞梓山

蝦地下

黃魚灘

導賞路線

https://goo.gl/
BS74CJ

龍坑山

鳳園

下坑

汀角路

角路

高爾夫
球會

文章案頭山水　山水地上文章

　　王維的詩，善於描畫山水，故是山水詩人，基此，文章是案頭山水，大自然的山水景物，是地上文章。集瓣成花，集花成叢，集叢成行，集各行各色則成錦繡，故薰衣草田也是文章，而且是錦繡文章。

沙螺洞花田　地上出錦繡

　　今之沙螺洞，本是荒村，如今卻把廣田荒野，除去雜草，撒了油菜種子，讓它出了苗芽，長了葉，沒把它收割出售，而是讓它繼續抽莖，莖梢長出黃花，不是一行而是整片田，是高高低低，整大片連成一起，都是滿眼的黃花，成了花海。網上一傳，把人瘋了，絡繹於途。

舊式"郊野公園"標誌牌

沙螺洞村口，掛滿各式大字報

禿樹黃草，夾雜大片菜花的蒼黃，引來紅男綠女

張氏宗祠雖已殘破，大字春聯幾十年都依舊常新

堅守廢村的農夫，豆腐花以山水而馳名

香港鐵文化　花海成焦點

　　年青的、年長的、乘車的、步行的、踏單車的、跑步的、作為領隊探路的、一家大小的、拍拖情侶的，多的是第一次的，都朝沙螺洞方向來。沙螺洞在山中，人們似乎都在所不計，因為想親身體驗外國有的薰衣草田般的感覺，香港有黃花地也不錯呀！於是沙螺洞出現了少有的"人海"，雜沓在花海中。

收購遭否決　村民守舊巢

　　沙螺洞這山村，因曾遭收購而早已荒廢了，本來想建造高爾夫球場，每戶都換有新屋，村民張伯當年語筆者：非常期待，因為除有新屋，更可搬到山下，方便得多。後遭到某些人反對，擱了下來。事隔多年，如今村還是村，舊時風貌，宗祠大字對聯，枯藤吊在門楣。有心人年青畫家，站在街角，展開攜來水筆畫冊，為破屋添上色彩。村內仍有些農戶，在搞了些餐飲活動，豆腐花、公仔麵。也其門如市。

滿腔期待　膈臆誰訴

　　村口還搭了簡單門樓，標示着這裏仍有人活動。入村的路上掛上大大幅大字報，表達胸中抑鬱，訴説不滿。白布已變灰色，連本來在轉角地方，豎了幾塊由麻石刻成的"問路石"，如今也不知所蹤。村民的內心，正充滿無奈。滿心的期待，像肥皂泡般，在空中飄過，卻消失得無影無蹤，正是"膈臆誰訴"。

人生一快事　寫書種花田

　　今年，在荒田上突然出現了花田，從最高的近村台層，一路向下伸延，都是滿眼黃花，叫人驚嘆。有人説過，人的一生，總該做一件快事，如爬最高的山、或踏遍某些特定景點；或者立功、立德、立言就寫一本書。要不，種一大片花田也不錯，只要曾下過心機，把田種得整齊有美感。

這列殘屋，街角正有女畫家為它添色留映

彩旗與牆上大字報，正顯出沙螺洞的生命張力

村屋數列，儘堪探遊，後面是九龍坑山，沙螺洞在山窩中

人生一快事，寫書種花田

慈山洞梓上鴉山

人不識洞梓，但知白玉觀玉；人知白玉觀音，不知
座落於慈山寺。人會知慈山寺，但若去拜訪、禮佛，
非經預約不可，所以才能表示一種誠意。

長度 7 公里

景色 ★★★★★

難度 ★★★★★

時間 2 小時

INFO

前段	中段	後段
礦頭角村口 有遊樂場	寺大景點多 持導遊紙細遊	洞梓佛廟古 鴉山有登山路

礦頭角村，名不見經傳，不知有甚瞄頭；洞梓村，
該懂了吧，有路就叫洞梓路，那為甚麼不提洞梓
而先提礦頭角？因前者在汀角路口，而洞梓則在路中
高處。

去程

大埔墟鐵路站 75K 九巴
→礦頭角站

交

通

回程

礦頭角站 75K 九巴→大
埔墟鐵路站

佛在深山中，河道向山行

香港童軍
訓練中心

崇真
青年中心

礐頭角

汀角路

洞梓山路

洞梓路

洞梓路

船灣

露屏路

蝦地下

黃魚灘

汀角路

漁安街

沙欄

S E

100

100

導賞路線

https://goo.gl/
NjFS8o

洞梓歷史古　礐頭角起行

我們的目的是"搵路行"，自然不會坐車到門口才起步。所以就從礐頭角起步吧！村口有個兒童遊樂場，路過便算，沿着寬闊的洞梓路北行，過了礐頭角村，路口有大字"慈山寺"，這是今日的第一個目標。於是沿普門路進入。

背枕黃嶺，寺號慈山

訪寺須預約　法相莊且慈

慈山寺供奉的大型露天白玉觀音，座落於八仙嶺山脈中央最高的黃嶺山腰上。沿着斜路上行，轉到一個山門前面。交過不收費門票，內裏一棵老榕迎客，然後沿慈山大路彎曲上行；抬頭便見白玉觀音出現於遠方，觀音像越來越大，先經一條筆直的慈悲大道，道又闊又長，距觀音座還很遠。可以想想和泰姬陵很相似。泰姬陵前方是長水池，兩旁棕櫚樹，慈山觀音前面是"慈悲大道"，兩旁種的是十八羅漢松。

椽瓦色澤低調，寺宇制式莊嚴

慈悲大士，正施法水，普救世人

歡喜地中，前殿與長廊中豎立的鐘鼓樓

洞梓復建的觀音古廟，位於高台上

手持智慧珠　瓶施法雨水

　　觀音像是青銅造，因外面用先進的白色氟碳自淨噴塗，不但潔白，兼且堅固持久。像及蓮台共高70米，石基座6米，合高76米。像的設計也配合了視角差異，稍微俯視，顯示觀音慈悲為懷，關視眾生。髮際現阿尼陀佛像，寓意具無量法力庇佑眾生。右手持智慧寶珠——摩尼珠，左手持淨瓶，正施灑淨水。使過其座下眾生，都能沾淨水，到達清涼世界，得到觀音的庇蔭。

水盂代燒香　供水長施水

　　蓮台前有青銅大水盂，叫"千處應"，參拜者不必燒香，也不准燒香，寺方提供精緻木盈，用竹勺從活水池中，注入盈內，雙手捧着，邊行邊禱告，到像前再注入"千處應"內。

參佛固以誠　造佛亦需誠

　　大雄寶殿與山門成一直線，當信眾踏入山門，表示已將貪、嗔、癡一切俗慮解除，得大解脫，而進入"歡喜地"。參拜觀音，固需以誠，建築佛寺，工人亦需齋戒。苟有食葷，不惜挖起重新鋪砌，保證佛地不被玷污。

佛陀生道滅　樹相可稱名

　　大殿面對左鐘樓、右鼓樓，下為彌勒佛與韋陀護法殿。據知本來種了有關佛陀出生、成道與涅槃有關樹木，且由斯里蘭迦總統把從母樹分支出的子株親帶香港種上，惜無緣識荊，深表遺憾。

洞梓廟亦古　鴉山入山前

　　洞梓路再上，村有廟齡三百觀音古廟。後毀。重修前有張氏得夢助建，尋至建築中古廟，樂助80萬金，2011年重光。船灣十一鄉主席葉志良先生樂將此廟捐予聯鄉公有，廟貌今見一新，龍柱精雕，葉主席好友鄧先生更為廟添畫蓮、柳、竹圖案作浮雕放模製。洞梓路直通鴉山。鴉山上有攔水壩，環境甚佳，村側有路可上山亦可通往沙螺洞村去。有健行者直撲山上行，真是羨煞。

騰雲龍柱，畫棟雕檐，香案供案，俱雕蓮竹

寶座鵝黃色，居中有慈航

鴉山有水閘，收集山溪流

勿謂鴉山細，路細通崇山

十一聯村船灣遊

船灣十一村，以洞梓為首，若不探洞梓，得鄉老言明來龍去脈，還是懵然不覺的。作者於此盛讚沙欄風景甚靚，面對海灣甚美，然後知"船灣"之名，亦由此而出。

長度 2.6 公里

景色 ★★★★★

難度 ★★★★★

時間 45 分鐘

INFO

前段	中段	後段
比華利行 如遊外國	沙欄風光 值得細味	李屋詹屋 就在路旁

船灣是一塊寶地，船灣對香港很重要。首先，攔海造湖，不特解決當年制水之苦，而且一條兩里多攔海大壩，開創世界先河。慈山白玉觀音，乘冉冉祥雲下降黃嶺下船灣海濱，慈悲慧眼俯視世人，為他們扶難解困，這位觀音像於大美督可以看到，甚至遠到對岸烏溪沙、榕樹澳一帶，也可遙遙望到。

交通

去程

大埔墟鐵路站 75K 九巴→三門仔站

回程

船灣站 75K 九巴→大埔墟鐵路站

比華利山莊，外國名人區

蝦地下

黃魚灘

汀角路

E

沙欄

S

埤安街

比華利山別墅

船灣海

汀角路

三門仔路

三門仔路

船灣避風塘

船灣海

導賞路線

https://goo.gl/
EGwr29

鹽田仔

為建設香港　船灣有貢獻

　　船灣有十一條村，組成船灣十一聯村，以洞梓為首。聯村主席葉志良向筆者表示，洞梓是葉姓首個落籍船灣開村（據知是先到沙欄然後搬到洞梓路中段高地），然後其他各村才陸續到來。在香港興建淡水湖時，聯村作出貢獻，讓出土地興建汀角直到大美督的公路。所以今天的村有些分成高低夾於公路兩側（如詹屋就是）。而在鴉山要造攔水工程也因而造了直達的公路，故叫洞梓路。

大壩攔海截，流弱沙粒粗

旅行莫錯過　沙欄好風景

　　葉主席言，黃魚灘那裏曾季節性出現很多"黃魚"，因以名。筆者跟着問：為何叫船灣呢？葉主席有些猶疑：可能以前停了很多船吧！

岸搭龍舟屋，羨煞蝸居客

三門仔岸，別有洞天

灣內漁舟正忙

祠堂對港口，風水擋不停

沙欄灣外，環島屏蔽，崇山遠峙，風景佳絕

但是，為甚麼今天船不見了呢？親身踏勘，我知之矣。當大家進入"沙欄"村，向外一望，會發現風景非常優美，"風水"好到不得了，它左有龍尾大美督山岬，右有鹽田仔，馬屎洲拱護，洋洲浮於海，一個海口直望到淡水湖彼端的長牌墩。整個船灣海成了內湖，端的風平浪靜，海不揚波，有點置身印塘海感覺，是那樣優美，那樣謐靜。

船灣停官船　因得船灣名

這樣的環境自然適合船隻停泊，為何現在卻船海兩閒呢？以前應該出現過相當繁盛期，否則不會留名於後了。求之史籍，從前在大埔海不是有媚珠池嗎？是養珠採珠業所在，是由朝廷下令批准的。而且不止一個皇帝了。官府自然派有官船駐紮監管。這些官船停駐的地方，應該就是最近的內海，應該就是這船灣海，船灣一名也由此而來。

康熙復界後　南遷十一村

船灣沿海一帶本來也有民居，只是康熙元年為杜絕居民資助鄭成功反清而下令遷界，後退五十里，康熙八年因大臣屢諫而復界，下令居民復界南遷，遂有以洞梓為首落籍之説。

洞梓之外，船灣一帶還有布心排、礦頭角、圍下、井頭、鴉山、蝦地吓、黃魚灘、詹屋、李屋、沙欄等。我們前幾次都到過了，今天就把餘下的都把它完成了吧！

全遊船灣　莫忘沙欄

黃魚灘附近的對面，有大路口經汀角路轉入，路口有比華利別墅。這比華利在外國是富人住宅區，搬來了香港，卻密得木屋竇一樣，半點高貴氣也沒有，只是大門口還有點氣派。路倒很幽靜，兩旁夾樹，黃槿與柏，都綠意悠然。石級直落的海濱，大屋堆滿龍船，等待端午節到來才出來活動了。三門仔前有路轉入沙欄，放眼一望，風景好到不得了，只見沙灘雖好，卻很多垃圾，不去清理，卻要搞龍尾灘。沙欄轉出有李屋和詹屋，在汀角路上了。

汀角道上詹屋，屬船灣十一村，再過為布心排

李氏家祠，共享昇平

沙欄船灣海，群嶼環護，泊舟佳處之外，簡直就是另一個印洲塘

黃魚蝦地訪三宮

講真，探訪鄉村小路，心情有點緊張。一不知鄉情，二頗怕惡狗。然而，當得到款待親切相告，其喜倍加。

長度 2.2 公里

景色 ★★★★★

難度 ★★★★★

時間 40 分鐘

INFO

前段	中段	後段
黃魚灘原名 皇御灣諧音	三百年蝦地 唐相稱漢儒	孔關林三聖 同祀廟系中

黃魚灘，是汀角路上一條小村。這個名稱以黃魚命名，是否這裏以出產黃魚見稱呢？果真如此，這裏一位聯村村長，洞梓葉村長告訴筆者：從前這裏是海灘，時常出現大群黃魚在灘上跳躍，人們便把這叫"黃魚灘"。現在村口有花園洋房(諧音)叫"皇御灣"，皇上御用的灣，的確很闊氣。

交通

去程
大埔墟鐵路站75K九巴
→船灣站

回程
船灣站75K九巴→大埔
墟鐵路站

隨着彩旗，過橋入村

船灣

礮頭角

汀角路

洞梓路

洞梓路

洞梓山路

蝦地下

黃魚灘

江庫花園

S E

汀角路

汀角路

漁安街

沙欄

導賞路線

https://goo.gl/
Ry5QQc

黃魚灘多魚　今已改地形

　　黃魚灘的村屋，沿馬路所見，都是洋房式丁屋，洋味十足，古老鄉村建築，已全遭淘汰。附近村的老村民告訴筆者，不是沒有，只是在接近山邊，就可以找到了。

村屋新替舊　馬路入村來

　　過盡了新屋，屋邊橫出一條小徑，沿徑盡望，可見到一座黃色屋瓦，應就是此地著名的"三宮廟"。心急想去見識，於是放棄直入山邊的大路，轉入小徑走。內裏也伸來一條不錯的石屎徑，而且圍上綠色欄杆。仍往黃屋方向行。

圍下路旁有"伯公"神位，所謂伯公坳即指此

廟外牆下有文物展：雙龍爭珠

老村石牆陳設，包括"海不揚波"題字

萬世師表，世人景仰，至聖先師

蝦地吓三百年老樹，老樟樹頭可以見證

一邊田野一邊塘　鄉郊風味悠然生

路在一邊水塘一邊田野前進，完全走在置身郊野畫圖中；接近山邊盡處，有大路從左方高處來，也就是剛才直去入村的路，經過山邊屋群再從這裏的路口相接。

蝦地三百載　測量造路中

不要轉左，要轉右，很有田野風味的小徑，在綠色欄杆夾持下，引領進入一條三百年小村"蝦地吓"。這條村只有一眼望盡的幾間屋。有新的，也有舊的，但都不太新，亦不太舊，只是門前的平台，顯得老氣橫秋，在告訴初來人客，這村的歷史確實不淺，因為從開村到現在，都是這個樣子。

漢儒世澤　唐相家聲

雖村屋祇得幾間，仍不忘建造自己的"盧氏宗祠"，門聯寫着：漢儒世澤　唐相家聲，叩問從何方來，郡出何處，只說遷此三百多年，從何説地？看來是失傳了。而屋側一棵碩大無比的廢枯頗久時日樟木樹頭，它將宣示長在這裏的時日，並不會

中奉關帝：左為孔子，右為天后，是為"三聖"

三聖宮：孔聖宮、協天宮、天后宮

短暫到哪裏。再行小段郊野路，再有兩人家都是蝦地吓的，
之後便進入旗幟飄飄的三宮廟。

孔關林三聖　同祀廟系中

　　三宮廟應座落圍下村，屬歧山下咀角，廟側一組矮林成
龍身狀，龍首形相迎向洞梓的白玉觀音。廟稱三宮，其一天
后，其二關帝，其三孔子。清初建成，1936毀於風，都是
荒廢頗久，於2013年重修開光，現今所見，一切非常新潔，
廟制復古，鑊耳山牆，瓦椽彩繪，護欄都用模製雕花鳥圖
案，殿內供奉神像，都是檀木立像，神態莊嚴，見者頓生敬
畏心。是日週末，未見一些香客，廟祝言在午後會人流較多。

客家式文物　有心人保存

　　天后宮外牆，有另類文物展示。其中最矚目者係石雕二
龍爭珠門樓，雙龍造型矯健勇猛，形相矯健。其側有二組客
家農具，如石磨、石杵及未能名之石器多件。及牆書"海不
揚波"，當是海神之語。出路口便是洞梓路中圍下村，有專
線小巴出大埔。

村屋新舊交替，舊屋雖殘，而風俗文化味濃

蝦地吓

鐵欄傍看農田入村

涌尾塘前想往年

根本不是作此打算，但誤打誤撞，把我送到新娘潭，
踩入林中，景靚路不俗，沿溪行，於是到了涌尾，
還有一塊問路石。

長度 1 公里

景色 ★★★★★

難度 ★★★★★

時間 20 分鐘

INFO

前段	中段	後段
就是遊覽區 設施已不錯	邊行邊探索 心情是期待	路要你終止 也隨遇而安

原意在牛坳登春風亭，擬搭經牛坳的 275R 巴士，在牛坳落車，誰知過大美督後，打出下一站是船灣郊野公園。回頭路不長，而且同樣要上長命斜。便索性到總站落車。九巴不設牛坳站，他們不理解這是旅行人仕的重要登山點。從牛坳出發，可上八仙嶺，可沿古徑直趨鹿頸。是旅人至愛。

交通

去程
大埔墟鐵路站 275R 九巴
→新娘潭總站

回程
涌尾燒烤場站 275R 九巴
→大埔墟鐵路站

"磐石永固" 新娘潭亭碑石

芬箕托

吊[籠]

烏蛟騰

九担租

涌尾

石水澗

馬頭峰

橫嶺

礦頭窰

赤馬頭

橫頭

泥塘角

新娘潭路

新娘潭路

船灣淡水湖

導賞路線

https://goo.gl/
vYEy5L

牛坳不停站　直趨新娘潭

終於到了新娘潭總站才下車，採用後備計劃，但亦算另有收穫。在新娘潭路，先從較高燒烤場的位置風雨亭路口進入，新娘潭溪是位於新娘潭路下方，流向淡水湖，澗道頗闊，沿溪滿佈大石，水流充沛，即使在旱冬亦水流急湍，確實不凡。

堅固石橋橫跨新娘潭溪上

新娘潭橋　持久耐用

採此道出發的旅人，必須橫渡此溪流，然後由彼端奔向目的地，因此溪上橫架鋼橋，是粗大的工字鋼架，上面橫排英泥版塊，鋼架不易生鏽，英坭板塊亦不愁損蝕；因此，這橋是頗堪耐用的設計。

溪上岩石裸露而堅固，浮動的已被溪水沖走了

級路上，旁邊台地都是燒烤爐區

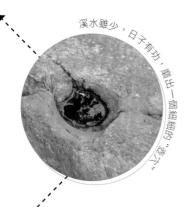

溪水雖少，日子有功，靡氏一個細細的"壺穴"

石老去棱角　人老煉世故

　　站在橋上眺望，新娘潭本有雄瀑激流，惜站在這裏，卻是無緣見到。溪上滿是沖得乾乾淨淨的巨石，更因歲月銷磨，都已少了棱角，件件都是老於世故，入世已深的圓滑石品，難求奇貨，但也總令人覺得可親，起碼不會是一下子向你頂撞過來的那種。明知係假惺惺也覺得好過些吧！

鐵柱磨成針　巨石出壺穴

　　水的力量小覷不得。橋的下方便有一塊巨石，面上有個窟窿，像個小面盆般大小，圓圓滑滑，立了展牌，註明是"壺穴"。這個壺穴並非由自身形成，而是由外力衝擊所致。比如急速的水流不斷沖擊一塊卵石，在石窩中旋轉，卵石不斷旋轉，起到打磨的作用，日久而凹窩越深，也越見精滑，便成了人們所稱的“壺穴”。香港有一個著名的壺穴群，不但多，而且呈現了多種形式，嘆為觀止。值得大家去尋訪一下。

是匯合到上一路區去，但一條通往涌尾的路出現，於是捨之而往涌尾路追尋去。超巨型水管從山中突入水塘來。

山中藏管道　水來自遠方

從汀角路的另一個風雨亭，門樓寫上燒烤場，也另有郊遊徑標柱，從這裏進入，也是別有洞天，過了七八層燒烤台地，到澗邊，這是承接上游澗道而來，環境清幽之極，留意看看。原來是分有兩條澗到此匯谷，再旁邊，是有另一條較細的澗，都是有水流、多卵石的澗，怎能老把照相機呆在袋裏。往上邊行，就

前塵陳舊事　難覓見證人

幾十年前舊事湧眼前，大埔墟搭貨車街車只載到涌尾，幾十人都參加了鄧國雄新開山川隊，黃竹角遠征，各人下涌尾，沿塘底廢村路徑往小滘，然後開林上紅石門坳，直撲黃竹角咀，我和老潘首個到達，連麵包也不咬，立即回程，無車可搭，一直奔回大埔墟，這些往事，惟路邊“問路石”可見證。

尖峰聳天，是有名的玉女峰

上通至舊時“涌尾”，舊日街車落車處，於此進入起步

溪水潺潺，綠蔭處處，有利燒烤人，也利消暑客

出口處水漸深，入淡水湖了

船灣湖隧道縱橫，可遠通至萬宜水庫去

新娘橫山歸鹿頸

到新娘潭，假日有巴士到達。從這裏接入自然教育徑，前去南涌或鹿頸，可免一日走畢全線之苦。

長度 4.7 公里
景色 ★★★★★
難度 ★★★★★
時間 1.5 小時

INFO

前段	中段	後段
啟程時一段 登山路	橫山腳村 七木橋村	往鹿頸去 路仍頗長

起步點是新娘潭。公路的下方果真有個水潭，名字就是新娘潭。它是溪流中一條頗高而闊的瀑布，衝擊造成的深潭，潭水澄澈，下架小橋，因交通方便，假日遊人不輟，尤以攝影愛好者，每到此獵映，捕捉佳作。

交通

去程
大埔墟鐵路站275R九巴
→新娘潭總站

回程
鹿頸路56K小巴→粉嶺
鐵路站

路旁草地廣場

大灣

鹿頸路 E 雞谷樹下 河瀝背

角

鹹坑尾

南涌河

100

鹿頸

新娘潭路

200

新娘潭路

200

下七木橋

瓏田

200

上七木橋

200

導賞路線

300

https://goo.gl/
f8NMHc

400

300

300

礦頭窰

新娘潭美　燒烤場區

　　新娘潭已發展為假日消閒區，場地分成高低兩處，都利用坡地開成層級，每級均置燒烤爐與枱櫈，自成小區，各不相擾，自得其樂。公路出口處上下均建休憩亭作集散點。

面對是鹿頸；後方來的高台處就是"關爺坳"，今人多不識

新娘照鏡　儷影雙雙

　　新娘潭再入，有一雄壯瀑流。從上傾注而下，長年衝擊注入一穿孔壺穴內，已顯得明亮光滑，如盤如鏡，故叫照鏡潭，新娘子正好照鏡梳妝。

橫山腳下廢村，龐大而分散

七木橋，仍可隱約看到"陳氏宗祠"字樣，此行大收穫

橫山腳下村南石橋

三岔路口

門樓起步　再續前緣

　　落車後到高台對面山坡，有八仙自然教育徑入口門樓，拾級上，過野餐場地，上到路口豁然開朗，路牌一指大美督來，一往鹿頸、南涌走。前段既已走過，今回續走下程。

戲肉在前　好景紛陳

　　路下行，少上斜，景點陸續出現。下行不遠，山坡間影出建築，地上還有地台，這是"橫山腳下村"了。村較細，只得屋三間，六十年代此地一片荒野，只得荒草。如今已雜樹成林。從前意為仙境，如今有點荒涼。

下村細小　上村勢宏

　　隔一段路，還有上村的。前面大樹旁遭一堵牆挨着，急忙跑到正面看看，是一間屋的側影，較為完整。有門有廳，也有間隔，只是沒了頂。金字屋都用木杉，日久承受不了陶瓦的重量，自然會坍塌下來。

巨宅出現　建設驚人

　　緊跟着一組屋群湧出，不僅在山坡這邊，路下方那些冒出屋頂的大宅，還更有氣派。巨型的長長的圍牆，圍得像個莊園一樣闊大，可惜未能走落去，看看正門的樣貌；而山坡上房子雖較細，但它卻與一片大草地相連。路邊還有頗具規模的引水溝，好像要把水輸送到某些水利工程去。

剩下殘宅　人去何方

　　橫山腳上村具有如此大氣派格局，主人

路旁引水工程

下七木橋廢村，路上"破級"仍依稀如舊

能作這大魄力投資，決非刀耕火種的小農作業。他是有一定經濟實力，或是受皇帝某些欽賜之類的受封人物。如今只是供作狐巢鼠穴，林高莽長，這些是甚麼人？如今都往哪裏去了？

下七木橋　不見上村

經過那級久印腦海破爛了邊沿的石階，知七木橋已到。近路邊兩家屋已被馬櫻丹纏得看不見。內裏兩間還可完整，拍了照。經放大後，看到"陳氏宗祠"的字樣，知其村陳姓。與鹿頸同源？

鹿頸村"龍川源遠，鹿洞家聲"陳公祠

鹿頸村口　簕竹作牆

村口有支路，經基前可落尤德亭，出南涌去。既定目標是鹿頸，便直走一段小路，遙望南涌池塘與紅木林風光美好，陰霾卻不利拍照。到石屎路穿過簕竹林後落到鹿頸去。

鹿頸公路橋下橋洞

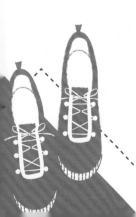

START

第四章

CHAPTER 4

新界中部

金山賞樹到長源

為尋求替讀者尋找新鮮奇趣物事，那些古怪鮮僻的角落，也會深入探究，不畏險難，目的在提供新鮮感。但自己必有一些滿足感。

長度 2.3 公里	
景色	★★★★★
難度	★★★★★
時間 40 分鐘	

INFO

前 段	中 段	後 段
深探僻地 別有洞天	樹研徑少到 其實也不俗	怪樹奇形 值得欣賞

天色陰暗，可以行山，但不利拍照，也還是出發了，否則將無法完成任務。相片效果會較暗較差，但趕任務也很重要。氣溫不會太冷，一件毛衣，加件外套已可應付。

交通

去程
彌敦道太子鐵路站81九巴→石梨貝水塘站

回程
石梨貝水塘站81九巴→彌敦道太子鐵路站

從大埔道入水塘，便是金山嶺野公園範圍

石梨貝
水塘

九龍水塘

200

金山路

九龍接收水塘

大埔公路（琵琶山段）

九龍
副水塘

長源路

S E

陵 山

尖 山

尖山

200

300

200

青沙公路

琵琶山路

長源路

水口

100

青沙公路

琵琶山

100

導賞路線

https://goo.gl/
MpPDsl

水塘山水　從來誘人

　　往旺角搭81號禾輋巴士，到石梨水塘站落車。這站名稱多多，最著名莫如馬騮山站。此地以馬騮多著名。行得舒暢。見到水塘半滿，天色暗，倒映在水上的天空，更不會有特別色彩。古羅馬式溢水道，美態依然吸引拍友，弧形大壩則不止於美，而是顯著它的無名傲骨，默默接受千噸巨壓而不作一聲。何止優美而已。

攔塘壩也是溢洪道，更是路橋

壩前暗道　別有洞天

　　壩前有小徑暗入山坡外側，未曾遊過，一定得探究一下，以免遺珠。壩末有角亭，並立牌坊多起，金山樹木研習徑，是往壩的左方外延，此徑今天到底如何，已不可知，今天就專程把它弄個明白。

過壩亭側，有樹木研習徑

這是入徑後回望大壩的外貌，平時少見

疏林外，湖水生光

石屎路，泥路也鋪了"板級"

徑無雜草　整潔可讚

徑無雜草，入口寬闊，雖是泥路，卻路上全無落葉，垃圾被打掃得乾乾淨淨，難得的惹人好感，天氣雖然乾旱，但春霧濃重，空氣中遊蕩着水汽；水塘區近水，更得地利先鞭，看到路旁春木，許多都萌了初芽，爆出一片啞紅，競相染着枝頭，渾然成片，使人看得眼花繚亂，初以為早花爭發，細看來才知只是初葉。

未上更高樓　如何識世界

只有我們這些行山者，才知這些都是大自然的早發春心。如果不曾在初春時節，登上大帽山北坡，深入梧桐寨深處，看姹紫殷紅，把層林盡染，然後轉眼間它們都化成深綠，若非看盡大自然彩筆的揮灑豪邁淋漓處，眼光自然也沒這般獨到。

既名樹木徑　羅列品種多

這是一條樹木研習徑，漁農處樹木專家，精心收集了很多不同品種用牌標示出來，都是罕見的奇異品種，見而不識名的：山油柑、嶺南山竹子、紅膠木 、梅葉冬青、竹節樹、白桂木 、軟英紅豆、馬尾松、黃牛木、木臘樹、雙白掌柴、木葉桉等等，多的是聞所未聞，只是馬尾松又是只有半掌長松針，並不是長長拖尾的那種，怎能叫做馬尾？

香港郊管　頗見用心

　　香港郊野算是管理得不錯的了，不但整潔，而且在道面整理上已頗見用心：在大塊板岩上，用泥包砌級，再加英泥去固定，使不易壞，又砌成級狀，便於步行，值得一讚。

退出長源路　習稱私家路

　　徑末，落在下一個環塘區，左行即退去路線，我循右行可繞圈一週。彎處有一棵奇特白千層，一頭長出四五枝粗幹，拍了一張又一張，後再得缺口可落塘邊再拍。轉了多個彎及過橋溪，流水淙淙爭響。過大葉竹林便出到大壩，壩窮，有水尺從水底冒出，就快來到長源路了。

一頭多枒，長相古怪

填滿沙泥的輸水道

徑道平而直，更難得連落葉都不見一片

長而直的堤壩面道，它的攔邊有花孔

金山路徑有驚奇

要能真心接收到旅行的益處，首先當然要有壯健的體魄，起碼能用雙腳走路；然後，積累一點或者涉獵一些其他的知識，這"其他"可以說越多越好。

長度 3 公里

景色 ★★★★★
難度 ★★★★★

時間 45 分鐘

INFO

前段	中段	後段
湖光山色 景致無限	林蔭山徑 路直路彎	小山崗上 練練腳力

當進入到九龍水塘區，便已進入金山路了，既然已身處寶山區，就好好利用這金山給我們安排的盛宴吧！首先通過一道橫溪橋樑，它既是攔水的堤壩，也可作水滿時溢洪功能，堤下是山溪，不會有民居，當水塘要滿溢時，水便從一個個孔眼，洩流到溪外去，不是浪費了嗎？不會的，下面再造堤壩把水攔着；接收起來，因而下面的水塘就叫"接收塘"。當接收塘的水也要滿溢了，惟有把水放到海裏去。

去程
彌敦道太子鐵路站81九巴→石梨貝水塘站

交通

回程
九龍水塘站81九巴→彌敦道太子鐵路站

有廣場、枱椅，還有可供休憩的木亭

石梨貝
水塘

200

九龍水塘

金山路

大埔公路（琵琶山段）

隧道

尖山

九龍
副水塘

長源路

青沙公路

琵琶
山路

S E

尖 山

100

200

300

導賞路線

https://goo.gl/
kwph35

路上細意欣賞　路橋羅馬古風

　　好了，這條又作堤壩，又作溢洪，又作橋路三種功能的堤橋，不知大家看了有否特殊感覺？如果大家喜歡到外地旅遊，一定會看到一些水利工程都與一個叫"古羅馬"的國家有關，這個古羅馬和意大利首都羅馬不同，古羅馬能夠作為一個時代的象徵，除了文化外，古羅馬人很重視水利建設，每到一個城市，她都會在那裏，除造半圓形劇場外，就建造蓄水塘。城市無水源，也就千方百計把水運到城市來，經過谷地，就用柱橋方式把水引導。這金山橋看起來便很有這種柱橋味道，這感覺在大潭水塘是最多的，而這橋是英國人造的，學古羅馬人並不足奇。

超靚的環境，平路彎走，級路上高台，別有洞天

石級路，分左右兩邊通走，環境誘人

另一角度，左右兩條石級，另條可通入木亭去

潺潺流瀑，是上塘的溢洪處

主壩之前　提供前點

　　過了橋，入大壩前有條小泥路，雖然陰暗些，但裏面會給你意外的驚喜，原來有許多層台地，都有休息怡橙，石級路造得特別的古意盎然，原始味十足。讀者也許會發覺，本書作者似乎特別有懷舊情懷，對的，那種古典美感，比起新砌平平滑滑的，怎能比擬呢？

金山獼猴眾　可作旅遊點

　　復出，是在橋邊的石室旁。再過大壩，下望壩外方，一彎水道，就是那接收塘了。金山路上，獼猴特多，這樣密集的猴子，是否可以"觀猴"作為旅遊節目之一呢？但一定要勸圍觀者勿唬嚇獼猴，使對人生敵意，留下不必要的仇恨種子。

名叫家樂徑　道路欠整修

　　過第一個"金山家樂徑"入口，再上到傻人樂園旁的金山徑入口，方才進入。這些路從前很少涉獵，因都只顧往大山大澗跑，這些小品，就留待現在慢慢品嚐。路是泥路，埋怨的既是父母攜兒女合家歡樂遊，為何路面不弄平滑些，像塘口那條樹木研習徑一樣呢？

級路上台地，柏橙外，還有遮陰的

疏林外⋯⋯彎大壩，半暗湖光，景色愛煞人。

直上係傻人樂園，下右轉是家樂徑

此家樂徑較崎嶇，不宜攜幼扶老，只適合一般行山者

級路屬原始　矮密易應付

　　路略有少許上落斜，一定小心路面，待漁農署把路平整好些，清潔好些，便可放心行走。過了岔路口，便有路級引領上行，一直的向上、到頂，見到不細的平台，足供二三十人打太極。從對面路口落山，不是級路，好在很矮。像踏平地一樣。級是用木板把泥擋着，再加鐵枝相扶，把泥填平的，是粗糙最原始的級路。下接T字路口，轉左路較遠，轉右溪流之後，數步之遙，便看到汽車在上面走，是剛才看到的那個金山徑下方入口，離大壩已不遠。

為拍這張照片，在爬坡時滑腳，掉進水塘裏，手上相機也一起潑水

八鄉凌雲探磚窰

十六世紀已初有，到今已近五百年。而仍有舊日痕
跡，更留得竭力傳承印記，能不令人肅然起敬。

長度 5.2 公里	
景色	★★★★★
難度	★★★★★
時間 1.2 小時	

前段	中段	後段
有魄力者 何妨讀碑	細味聯意 千葉何解	泥塑已矣 夫復何言

　　行山運動興起之初，祇以求之假日，約聚三數知己，
漫遊郊野，擇途而行，久之，擇地而行，再而久之，遂
有為目的而行；於是產生各種為達致一定目的的旅行。
可知即使"行山"這麼一種非常簡單的運動，若持之以
恆，亦可產生某種心中所樂，問題是能否堅持與執著，
而反過來，若有這種堅持與執著，又可推動這種運動繼
續維持下去。

去程	荃灣鐵路站51九巴→石崗站
交通	
回程	上村總站51九巴→荃灣鐵路站

沿斜路再上，進內，兩犬當道，需不畏懼

錦田公路

八鄉

企嶺

慶里

南慶東路　　錦上路

錦上路

石崗

林錦公路

林錦公路

林錦公路

不止行山　有所探求

　　至若山色無遠近，看山終日行；這山那山到底叫甚麼名字，是否有路可上，有多高，是否人跡罕至，自己能否挺登此山峰處，山的那端又是甚境界？忽然把自己代入了取西經的唐僧，就叫孫悟空躍上雲頭探看。

凌雲寺牌立在林錦公路側

山下有古剎　佛教首傳承

　　就別説那麼高山，就是一間古剎吧，也如果不親身去踏探，光靠道聽途説，於事無補。這大帽山北麓，觀音山腳下的寺院，非要親身專探不可。因為這裏有間凌雲寺，光是主持者的重業精神，已值得我們尊敬了。

內進左邊林下，有八座羅漢雕像，素身未加彩

入寺前路口位置的迴旋處

上至洞門後的高台，有標致樣亭

寺前階下有曲欄水池，觀音自水中出

戮力追尋　不恥下問

做學問要研究須不恥下問，尋探更應多問；以為寺就在雷公田的另一邊，卻是非要從林錦公路找不可。就在迴旋處不過一個巴士站那麼遠。郊區土地似乎很不值錢，門口大書凌雲寺，大大的空地廣場內左側有條小徑可上，林內隱約有石像數尊，酷肖萬佛寺路上的羅漢，但原色，似仍待開發。

源出西方　遠遊南海

車路一直上引，路旁有茂密修竹，有幾個車場隱林中。路引入一個門樓，後邊的高處台地，橫漆《凌雲寺》於門楣欄上方。沿新砌玉階登上平台，過洞門，扁柏兩株分植凌雲寺大雄寶殿兩旁，門聯刻書：《源出西方千葉寶，道承南海一枝春》。聯意已含傳承之義。

始於靜室，建於妙參，此寺之初，係1423年的鄧氏鴻儀族祖鄧蔭，於1544年始建小室於寺右方，供黃氏靜修用，到1821年，號室為凌雲寺。之後荒廢。到1901年得釋妙參禪師賞識，喜其地環境靈秀，戮力創建，1924年建成現貌，更於1979年廟左方已荒圯場地，建鐘樓外，並附建佛學研究所於其側，此係本港首間傳播

此為寺內已廢鐘樓遺址，附設全港少有的佛教傳道學校

佛教學説的基地。廟前牆下三塊碑記，記錄各個發展階段。台下有曲橋蓮池，觀音穿水而升，向仕眾祝福。對佛教的傳承，值得敬重。

八鄉古廟　頓失風采

出，沿錦田路入八鄉公園，過回歸碑，穿黎園到八鄉古廟，已見翻新一遍，古廟建於乾隆年代，光緒、咸豐修過，今2013年再重修。

本來所見應是本港最多泥塑的古廟，今只剩左右原鑲牆上兩幅，其餘掛畫俱不知所蹤，如此古物為何少卻又不見公告或追究聲音？今見風采落寞的古廟，有點黯然。再前行入探天德古廟，整齊新潔，惟不見人流，大門深鎖。八鄉中有磚窰路，擬探窰址，惟盡路所得，只餘空地，窰址已蕩然無存。下谷山村村徑甚幽，別有風味，張家村、黎圍村，戶戶都貼新聯，準備迎春矣！

八鄉公園中的回歸紀念碑

八鄉古廟路口的一家別致商店，旁立路牌

鑲嵌牆上固定的泥塑，其餘鑲於掛框上的泥塑，都不知何去了

年代甚久，最多泥塑的"八鄉古廟"。屋脊上泥塑，別有一格，異於常品。如今泥塑只剩鑲於牆上兩畫

START

第五章

CHAPTER 5

新界西北

十年清醮在錦田

錦田十年一遇太平清醮,得好友介紹而躬逢。整個城區彩旗招展,人人喜氣洋洋,宗祠重修之外,更因得康王報夢天后宮亦及時重修完工開光。

前段	中段	後段
吉慶圍門開 城河注滿水	康王親報夢 天后宮重修	何謂二帝 關帝文昌

人知有"吉慶圍",亦知其所在地是"錦田",故此遊人之知"錦田",以至歷史亦只限"吉慶圍"。而錦田歷史實亦不止此。

長度 5.2 公里
景色 ★★★★★
難度 ★★★★★
時間 1.2 小時

INFO

去程　錦上路鐵路站

交通

回程　錦上路鐵路站

十年清醮,吉慶圍也彩飾滿圍,門聯還可見"吉水慶雲"字樣

錦田 圓山

治河路

錦泰路 錦田繞道

錦上路

石崗機場路
金水北路

導賞路線

錦莆路

東匯路

錦上路

金水南路

https://goo.gl/
a5Ri9E

田 公 路 青 朗 公 路

殼山

100

陳田亦岑田　成錦繡良田

　　早在公元10世紀，五代十國的後周時期，已有姓陳的人在這裏生活，故這裏叫"陳田"，顯示這裏田地由陳氏所種。到北宋11世紀，姓鄧人氏從江西來到掛角山下，地叫"岑里"，而所開墾的田畝叫"岑里田"。後因官稱讚此地為"錦繡良田"，"錦田"之名從此代替了"岑田"。而"吉慶圍"、"泰康圍"和"永隆圍"俟後陸續興建，再而擴展到"水頭"、"水尾"村落群的出現。

錦田水頭水尾村醮場彩牌

十年一遇　太平清醮

　　今天，藉着這裏的十年一次太平清醮盛事，就以這些村落作主要參觀點，以一條旅行路線把它聯繫起來，綜合扼要地認識一下這些鄉村面貌；之後，我們便不會覺得這些鄉村距離我們很遙遠，很陌生了。

通往水頭村，錦慶橋上已錦旗招展

舊日軍用鋼橋，亦插滿錦旗

醮場上除舞醒獅，更有雙龍匯演，熱鬧非常

往日門庭冷落　今日張燈結彩

從錦上路西鐵站B出口，穿過錦田河橋，直入，過紅磚屋市場，到"錦田市路"，抬頭見彩旗滿天，便是"吉慶圍"所在。往日門庭冷清，今日獅子守門，也大門洞開，任由出入，兼城樓披彩，城池少有地注滿清水。

文筆詞鋒利　更有硬骨頭

鄧氏家族，不但文才輩出，而且生就副硬骨頭，令人敬佩。十九世紀，英人迫令滿清租佔九龍新界，英軍火速到達新界圍村，村民不知就裏，閉關頑抗，死傷枕藉，然終為英軍所陷，後來才知清廷已簽賣身契，真是死得冤枉。而好好的閘門又被英軍拆走，經26年交涉，才得交回。自此人們便識有"吉慶圍"，其餘的仍或不知就裏。

英雄祠對聯　書《胡不百年》

前往水頭水尾，順道可探供奉英雄碑的"友鄰堂"。然後跨錦田繞道，斜路直入水頭村範圍，橫過旗幟飄飄軍用鋼橋，再過錦慶路橋，"二帝書院"已在望。

醮場稍過，便是水尾村便母橋，此為原橋

天后宮內的康王神像

水尾村天后古廟，乃由康王報夢重建重修，廟內有康王像

著名的"樹屋"乃樹根沿屋而生，屋毀剩樹根

白石巷子弟　文采自沛然

二帝書院籌建於十九世紀，目的作教學用途。不名為"私塾"，可見屬於較高級學府，當有學者於此研究學術。主樓旁有一條砌滿白石小巷通道，供學子出入，學子得名為"白石巷子弟"，特別有聲價。院內供奉關帝及文昌帝君，故號"二帝書院"。

二帝書院側的"白石巷"白石子弟，高人一等

康王親報夢　天后宮重修

水尾村除"清樂鄧公祠"大祠堂外，已廢之天后宮之獲新生，全賴王叔報夢所致。據皇姑之父即康王報夢於芬傳大法師，要他負責將廟重建，卒於荒草尋得廟址，於1936年重建完畢，但廟改矮了。此次再修，根據紀錄，恢復原來高度及面貌，過程嚴謹及艱辛。康王像亦供廟側翼內。值得大家仔細參閱。廟前左出可到著名樹屋，亦維修中。

"稅院家聲"及鄧氏引以為榮的"稅院群馬"

五朵芙蓉龍躍頭

老圍背靠龍山,有五峰,風水師號為"五朵芙蓉",主峰為龍山,副峰為麒麟頭,各取一字得龍躍頭。"新圍"背靠馬頭嶺,這頭字是否與馬頭有關?意指老圍為主,新圍為附?

長度 6 公里
景色 ★★★★★
難度 ★★★★★
時間 1.5 小時

INFO

前段	中段	後段
路線單純 平順易走	範圍廣闊 目標紛紜	細加探訪 不厭其煩

新界鄉村,鄧氏來港開發最早,人數也最多。因此到處都有他們蹤影:錦田、屏山、廈村、元朗、粉嶺,龍躍頭就是粉嶺中著名氏族。龍躍頭的取名,和背靠山脈有關,取其山嶺中名字組成。

去程
粉嶺站公共小巴總站 56K
小巴→龍躍頭

回程
粉嶺鐵路站

交通

新圍位於梧桐河側

軍地

沙頭角公路龍躍頭段

龍馬路 皇后山徑

龍躍頭

S

馬適路

山

粉嶺

沙頭角公路龍躍頭段

馬會道

E 粉嶺

塘坑

山

導賞路線

https://goo.gl/4zk7Fg

先立圍　後建村

　　龍躍頭圍村，分佈於沙頭角路東西兩方，為方便計，從有小巴進入的小坑村出發。凡叫村的，都知不是最早的圍村，是先建立了圍，人口興旺，再容不下，便着手向外另立新村，一般村與圍名字相同，意在互相有血緣關係。但小坑村並無小坑圍。此村初時人丁不太旺盛，因而在村口造個拱門，現在仍保留。旁更築土地公神龕，祈保人丁昌旺。

在修葺中的老圍

觀龍叫新圍　自有尊卑意

　　觀龍圍人稱"新圍"，門樓上記有"觀龍"名牌，有向老龍朝觀之意，表示與老圍是附屬關係，而路牌現在仍叫"新圍"。外觀齊整健碩，有正門樓，兩旁四角有砲樓，城門堅固，內裏房屋較零亂，並非一街若干巷，且

小坑村的拱形門樓，乃為風水而建

新圍因樓門書"觀龍"，故號。實有向老圍謙卑意

善述書室，廢而未圮

永寧圍門樓，一角經已破毀

多丟棄荒地。知凡圍村土地，業權不能轉與外人。子嗣問題，財力問題，有時不是人力所能解決。

擇善而述　擇善固執

善述書室如今已丟廢置，曾是子弟接受教育的基地，鄧氏對教育是不遺餘力的，建了不少書室，造就了不少取得功名的子弟，為閭里、家族爭光。

算得270年　卻說四百多

越過沙頭角路，走過鄉公所門口，入圍村路，首先是永寧村，因屋散亂，無感覺，至有永寧圍門樓，它建於1744年，合270年，卻說有400多年，不知如何算起。圍牆角已崩蹋，不加修補，留作缺陷美。波蘭古城就是留下一道破城牆的。

六百五十年　東閣圍最老

東閣圍十分難找，若非決意要找尋，相信易給人放棄。外貌既不驚人，又躲藏於屋堆窄巷內。據說它造於1363年的十三世祖所建，按年份推算，有六百五十年歷史，"老圍"應是建圍最早，卻無正式年份可作比較。東閣圍外牆露磚，古蹟待修。

老圍應最老　年份卻難考

老圍建於龍山腳下，面向雙魚河，據云風水甚佳。門聯書：門高迎紫氣，圍老待淳風。一派道貌岸然的長者風，值得讚許。內進非見一街若干巷，只是一屋背牆橫擋圍門，踏上高台，是屋前曬晾天階，一口高欄已封古井。圍牆正修葺中。

祖祠紀松嶺　郡馬二世祖

　　鄧氏宗祠 1525 年建，是紀念龍躍頭松嶺太祖，正廳供奉因娶皇姑而追封"稅院郡馬"的鄧惟汲神主，趙氏皇姑的神主有龍頭木雕。本想把他們父子關係理出一個頭緒，但礙於資料，總是理還亂。所以郡馬叫二世祖？其中關係叫人難解。

石廬文人住　華仁創辦人

　　石廬係本港名校華仁書院的創辦人徐仁壽府第，1919 年創辦香港華仁，1924 年創辦九龍華仁，1980 年代前都在粉嶺石廬住。建築風格中西合壁，前額有灰塑"石廬"，文化人自有他的獨到眼光。故收納為歷史建築，值得尊重。

東閣圍歷史悠久，僻處巷中，難找

松嶺鄧公祠，有皇姑龍頭神主位

麻笏圍有鐵鍊閘，門樓有"葱鬱"篆書，因而亦得而名之為"葱鬱圍"

龍躍頭老圍內一口封蓋有欄古井

石廬　華仁學校創辦人徐仁壽居所，形格中西合壁，今已罕見，故列為遺跡

昔日圍村今串遊

屏山、廈村、元朗，鄧氏的發展路線，由東而西，在屏山，如今造了一條文物徑，在元朗，南邊圍留下了作市集的舊街。

長度 3.7 公里

景色 ★★★★★

難度 ★★★★★

時間 1 小時

INFO

前段	中段	後段
看鄧宗祠 研舊建築	取道馬路	廟號二帝 碑有文章

港 人歷史，絕不限於英治時百年，其實新界圍村，動輒以幾百年計。到外面遊覽，多訪教堂、古堡，見中古時期的巴羅克式、哥德式而知其古，在新界，我們會看到圍村、祠堂、廟宇，這是漢人的歷史文物。

去程
天水圍鐵路站

交通

回程
天水圍鐵路站

鄧氏祠堂乃歷史紀錄痕跡所在，宜留意有功名牌匾

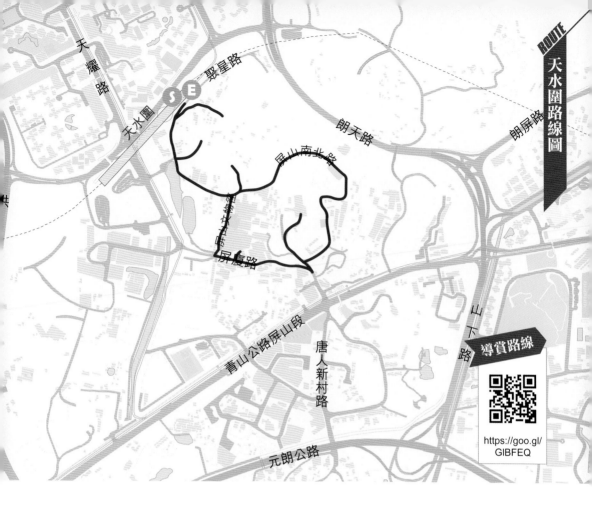

ROUTE

天水圍路線圖

朗屏路

導賞路線

https://goo.gl/
GIBFEQ

天耀路

天水圍

聚星路

朗天路

屏山南北路

屏廈路

青山公路屏山段

唐人新村路

山下路

元朗公路

古塔助風水　村前鎮水災

　　最易為人認知的古代建築，莫如古塔，由於人們認定塔這種建築，有特定功能，非用來居住，也不會用來登高賞覽風景，而賦予它一種神秘力量，它可用來鎮風水，如築於近河口位置，可免水患；可助文風，如建於村口，使村中子弟學業能有所成。因而甚至把區內某些特別纖高大廈也視為"文昌塔"。初則如和富大廈，再則如IFC等等。

聚星樓建成　子弟多功名

　　我們就從屏山文昌塔開始探遊。它叫聚星樓，高三層，有說原本五層，頂層寫《凌漢》，中層寫《聚星樓》，下層寫《光射斗垣》。每層

聚星樓，興建後文人輩出

上璋圍路標，頗特式

上璋圍門樓，門聯文雅

外有疊進式檐拱，穩重而美觀。循指示路線南入上璋圍，過社壇，先經仁崗墩書室，再有覲廷書室，這些書室內部裝修，都另具濃厚書卷氣，它們擔負村童教育使命。書室之數遠不止此。

鄧氏祠堂　氣派恢宏

屏山一脈，乃第七世祖鄧元禎與其獨子鄧從光，由錦田遷來。故鄧元禎被尊為屏山派一世祖。所建鄧氏宗祠，即所謂大太公祠堂。建於明嘉靖九年，有四百多年歷史，地位重要。內進是三進兩院式，中庭屋檐頂鑲《翰林院吉士》匾，表示曾獲功名，故門口有兩對高大旗竿夾。

太公祖祠　更辦學校

旁是愈喬二公祠，稍細，紀念屏山十一世祖，亦作學校教學用途，達德校址即在此。門口旗竿夾較細。再過有清暑軒，走廊兩旁豎滿功名牌匾，有祖孫父子同科，可能與文昌塔有關吧。

元朗舊墟　西南邊圍

鄧氏不止屏山，還開枝到元朗，元朗舊墟即由鄧文蔚開發。我們參觀完文物徑，走出大路先到元朗雀鳥公園，再轉過西鐵站下，得南邊圍，而最早開發是先有西邊圍。

西邊圍佈局雜亂，不似南邊圍齊整，分五街十巷；兩圍入口大門樓都是重新建構的，高大輝煌有氣派。從西邊圍外直入可通出元朗最早期市街，內有最古老普源押、學校是長盛街；專賣酒的酒街及一般買賣的利益街，望去

門前一對高大旗竿夾，當是翰林院吉上所致

係紀念屏山開村十一世祖，又是教學用途

鄧氏一直造書室培育子弟不遺餘力，考取不少功名，到1904廢除科舉

古井已成文物遺跡

二公祠內觀

清暑軒內一個列滿功名牌的圖河房間

窄巷一條，卻就是留存下來的人稱《滿清一條街》遺跡了。大王廟及二帝廟在村口，鄧氏多奉關帝及北帝，大王廟即洪聖大王。從二帝廟轉出，到東頭圍，可參觀康熙天后廟。今天遊程，是否有身在《清明上河圖》，重回幾百年前世紀感覺，實在難能可貴的經歷。

廈村自有小蓬瀛

當你遊完廈村，發覺有其自己一個"王國"，並非鬆鬆散散，所以解元宋湘給題以《人間小蓬瀛》，見解有所獨到。

長度 5.6 公里

景色 ★★★★★

難度 ★★★★★

時間 1.4 小時

前段	中段	後段
鄧氏宗祠	深入廈村市	細探圍村貌
已足耗時	結構自有殊	繞走圍村路

元朗廈村，係鄧氏十二世祖於明初建立，北接流浮山，西臨后海灣，都只兩公里，東鄰它的族祖屏山，再東一里元朗舊墟，所觸及的大片平原、蠔灘，莫不是鄧氏產業。

去程
天水圍鐵路站

交通

回程
天水圍鐵路站

望向後庭，檐上見到"說院留芳"，中庭簷頂，友恭堂上高掛皇上親筆手諭，前簷五塊功名牌，其後即喜聞軒

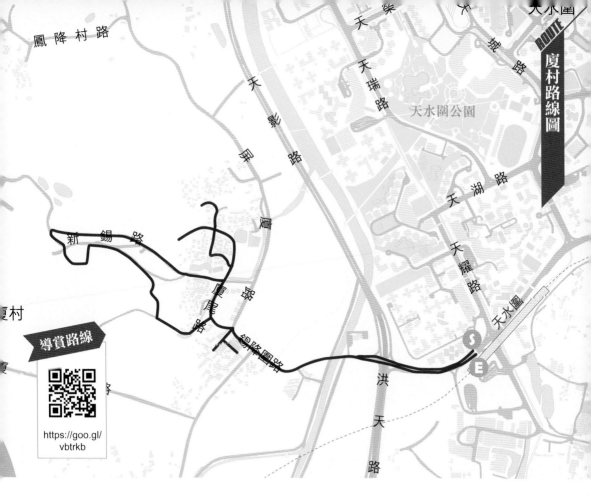

鳳降村路

天榮路

天城路

天瑞路

天水圍公園

天影路

屏

天湖路

新錫路

天耀路

天水圍

廈村

廈尾路

錫降圍路

導賞路線

https://goo.gl/
vbtrkb

S

E

洪天路

廈村

只知廈村名　人皆不知處

　　你或會知有廈村，但不太熟。不少旅行人仕也不太熟的。因它在我們慣常旅行路線之外，現在就讓大家去專誠了解一下廈村吧！它叫廈村鄉，因何既已有廈村之名，何故又加鄉？初是只有廈村的，其後聚居者眾，紛紛擴村，於是以廈村為首，將其他新增村群都歸入它名下，遂把廈村升格為鄉，叫“廈村鄉”，還給它冠在牌樓上。

廈村鄧公祠內喜聞軒的名對

廈村加屏山　合成屏廈路

　　首先，告訴大家一個去廈村的方向。並不複雜，西鐵天水圍站外，就是屏廈路，意思是從屏山聯接廈村鄉的路。現在是從屏山那邊朝向廈村行進，無庸贅言，直行便可。經過沙洲里，再百步，便見大牌坊，大廣場，內有大牌坊，便是廈村鄉。鄧氏宗祠為十一世祖所建，初建於東西頭村間。

鄧公祠中庭簷頂掛滿功名匾

廈村市上通廣州，下通香港，曾蓬勃一時

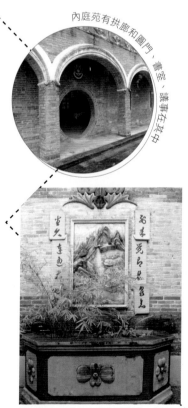

內庭苑有拱廊和圓門，書室、議事在其中

側門通出旁廳有泥塑立體字畫，下有金魚池

紅岩鋪階井　簷際顯功名

　　廣場內一間巨型很有氣派的宗祠，上書《鄧氏宗祠》。門聯十個大金字：《南陽綿世澤，稅院振家聲》。紅砂岩牆基、鼓台、門框，進門後連接天井約十尺闊紅砂岩作步階，一路入到中庭階梯都是，似為到訪嘉賓鋪上紅地毯。中庭前簷頂懸五個功名牌匾，後簷頂懸《友恭堂》，再於頂上掛手抄聖諭箴言。一般人未必能解讀特加堂名，其實乃指，凡此族系子孫後裔，都可納入該堂名之內，因堂名係族中獨有，他房不會相混，如廈村乃十一世祖洪惠、洪贄開族的，他的堂叫友恭，故一說"友恭堂"，便知乃洪惠之後。

南陽非諸葛　稅院獨家聲

　　後庭龕頂漆"稅院流芳"，該位父老說，其他房不會這樣說，只能用"南陽世澤"之類，獨廈村能寫"稅院家聲"。云云。查實廈村祖距龍躍頭的鄧惟汲已有許多傳了，祇廈村能獨傳？

文人筆力勁　無聲是驚雷

　　中庭廂房"喜聞軒"有對聯：《人文古鄒魯，山水小蓬瀛》。是程鄉宋湘解元所書，聯首道出鄧氏源頭，鄒魯指山東地域；下聯接入廈村地理環境。庸才描寫一般是力加推捧，但宋湘自忖乃解元一名，怎能落俗。於是高格調以"蓬瀛"譽之，又加一"小"字以抑之，便能恰如其份。由此可看出文人用心之細與筆力之厲害：於無聲處聽驚雷。欣賞對聯是旅途無窮樂事。

村老以"稅院郡馬"一聯為榮相告

別有天地　內蘊文章

　　祠堂內別有洞天，冷巷中內藏書院、議事廳以至花園、文昌閣。廣場內另一歷史性建築，就是廈村市，在廈村圍內，本來門對水道，北通廣州，南入香港。廈市歷史較元朗市更久。整個廈村鄉範圍不細，錫降圍、祥降圍都有自己圍村，祥降最早，直街六巷，錫降圍直街七巷，"新圍"有"士宏書室"，在蓬瀛的仙境中，看看你能否找到。

廈村內其中錫降圍門樓

廈村中最早建立的祥降圍，找到看你的功力不弱

廈村新圍中有"士宏書室"

書室已廢，雖感殘舊，但可窺其別致型格

想天祥心懷正氣

讀聖賢書，學聖賢事，雖不能至，而心嚮往，心嚮往則行事有所方向，有所堅持。心正斜不侵，則有所不懼，雖黑暗前行，魑魅不來。

長度 3 公里

景色 ★★★★★

難度 ★★★★★

時間 45 分鐘

INFO

前段

新田街道
如墟如市

中段

府第雖重點
建村非由起

後段

情意重文第
莫忘東小廟

年幼啟蒙時，以"幼學瓊林"始，然後唐詩三百，古文評註，於是知有蘇軾之登虯龍，踞虎豹之登山活動；知有文天祥之沛乎塞蒼冥之正氣。於是雖不能至，而心嚮往。

去程
上水鐵路站 76K →新田站

回程
新田站 76K →上水鐵路站

交通

文天祥後裔 21 世祖文頌鑾所建造，時同治 4 年，讀者切勿誤會與建村混為一談

洲頭

新田

新田交匯處

文天祥公園

新田公路

古洞路

山公路新田段

導賞路線

https://goo.gl/mevj45

香江有幸　結天祥緣

於是，懷着崇敬之心，去晉謁、景仰有關英雄人物的歷史文物，聆聽歷史故事。因為，幸運地這英雄人物跟香港扯上了些關係。它很近，就在新界，就在新田鄉永平村，上水與元朗之間。76K 巴士，兩邊都可到。

文氏村群　氏族聚居

這新田區是文氏族群的村落聚居所在，有仁壽圍，位於其側的東鎮圍、永平村、蕃田村、新龍村和青龍村。永平村靠近青山公路，車站就在村口，指示牌成排：永平村、東山古廟、大夫第更特大字標出。

第內高皇帝賜漢滿文詔書嘉許文氏雙親

圍牆雖舊破，可憑弔形格

正堂排文氏人物照片

拱門上雕飾乃西方一種叫"洛可可"藝術風格

圍村外高處，可直望深圳高樓

文氏大宅　大夫居之

　　心既有所驚，腳自有所趨，急於尋找文氏之大夫第所在。村大路闊店舖多，人來車往，食肆滿座，仿是墟市。名氣所在，位置便似中央，一個大大的磚圍牆，把一列青磚大屋圍着，正門額書紅底金字《大夫第》。守衛於側門笑臉出迎。

頌鑾中進士　兼獲府第名

　　大夫第是文天祥後裔屬21世祖文頌鑾在同治4年所建，他在光緒12年中進士，欽點為"營用守府"。更因樂善好施品德，獲光緒欣賞，賜封"大夫第"。堂中央所掛牌匾，卻是一位文氏官員所送。

頌鑾建大宅　世歌建祖村

　　一連串的追溯，文頌鑾祇與大夫第有關，卻非文氏村始祖。文天祥是末宋名臣，也是名將，能棄筆從戎，執戈抗敵。宋帝南逃，隨族兄抗敵之文天瑞，亦南移至廣東東莞，他就是南方文氏始祖，他的五世孫文孟常進入新界屯門，其孫文世歌則遷入新田。世歌就是新田開村始祖：最先造仁壽圍。東鎮圍在其東側，而蕃田村不止有大夫第，還有麟峰文公祠，掛進士牌匾的永秀文公祠、明德、明遠及文氏宗祠。文氏宗親大會都在蕃田村舉行，儼然族中核心。

大夫指夫子　文氏有榜眼

　　"大夫第"中的大夫，切勿作醫生看待，係指有德行、高品格之讀書人。屈原被稱"三閭大夫"就是。"第"是府第，有升了格調的居所之意。皇帝不但賜封府第名銜，還特詔書嘉許文頌鑾雙親，漢文滿文記錄雙語牌匾，高懸堂中。還有一個光緒十六年文廷式的"榜眼及第"牌匾，聽說他文才了得，做了珍妃的老師。珍妃是光緒寵妃。

樑脊立體塑　門洞樂可可

　　留意大夫第的檐飾，用兩層砌成，底層萬字連環圖，外鑲花葉，有立體感外，更是把西式法裝了上去。偏房門洞頂就是西方最末期的樂可可藝術式圖案。屋脊及檐楣都是立體的中式陶塑，跟只是彩繪有很大分別，特別矜貴。仁壽圍有仁壽書室。永平村口有東山古廟，重新裝修完竣，門庭高大，華麗奪目，千萬記得參觀欣賞。村外面有文天祥巨像公園。浮雕長畫記述天祥事跡。

不止文頌鑾，文永秀也中了進士

重修後東山古廟，比較八鄉更見華美，綠藍門聯，別樹一幟

留取丹心照汗青的文大人肖像

文氏圍村，怎能忘了老祖宗文天祥大人呢？政府也為文大人建造了公園

浮雕群像開首處是文大人高中狀元

廖氏圍村稱上水

廖氏之於上水，人莫不識廖萬石堂，但少知有"上
水圍"，其實新界氏族發展，莫不起源於"圍"，
而後及於其他村，探本求源，我們必須探"圍"。

長度 6.4公里

景色 ★★★★★
難度 ★★★★★

時間 1.6小時

INFO

前 段	中 段	後 段
何謂五峰 何謂雙鯉	時間囊期 限五十年	松柏塱黃族 金錢村侯姓

新界粉錦平原，都早已為先入的氏族盤踞發展，錦
田、元朗的鄧族，新田的文族，河上、金錢的侯
族。其中上水的廖族也有很大發展。最初由散居到聚居
建圍立村，到建立上水鄉而發展成整個區域都以"上水"
稱號，這魄力也不簡單。成功決非倖致，值得我們去探
遊一下。

去程

上水鐵路站

交

通

回程

上水鐵路站

門前庭林優雅，建築重修後又顯得"古舊"，可見保育重要和需要

上水

天平山

石湖墟

松柏朗

大頭嶺

導賞路線

https://goo.gl/
v5gaFv

堂名萬石　圍稱上水

　　上水鄉最為人稱道的，當是以受皇俸萬石而名的"廖萬石堂"，立祠地方寬敞，門前庭苑，祠門中立一對石柱，架以蝙蝠石獅相托橫樑，兩翼橫舒，紅岩門框牆基，頂上紅木金漆《廖萬石堂》，兩旁木刻長聯：

上水廖族，人皆知廖萬石堂，鮮及其他

　　世綠堂高　喜見五峰拱照（龍山）
　　武威鼎盛　欣瞻雙鯉飛騰（雙魚）

鰲頭獨佔　鯉躍龍門

　　建築物的脊樑風格，最能見證當年與物主的財力及文化愛好，建祠所在年代雖只是乾隆年間，為十三世紀，亦保持了我國的一貫建築風格，屋頂平直，脊骨軒昂，所加屋頂脊樑，以長壁上嵌泥塑彩繪，兩端以躍尾潛鰲相對，旁加圖案式飛浪相擁，大有鯉躍龍門，鰲頭獨佔

廖明堂形制古雅，別有風範

上水圍護圍河遺跡，改作溢洪水道

父子兄弟合受俸萬石，因得堂名

六十年一屆太平清醮，故建有一個時間囊作紀

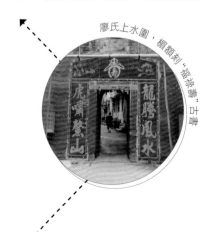
廖氏上水圍，楣額刻"囷埠舊"古蹟

的吉祥祝禱意。中庭頂掛《澤綿萬石》，後庭懸科舉名牌不少，文魁牌已褪色，進士牌更有木質浮破現象。

時間囊證物　期以五十年

庭苑中最矚目的，當是一個時間囊的碑石，寫明五十年後開啟的時間囊，2053年為開啟年。此物別祠所無，唯廖萬石堂見之，亦有意義的歷史奇物也。

家塾授課　側重古文

村內還有"明德宗祠"及"應龍廖公家塾"，年輕人或不知家塾為何物，乃今之學校也。家塾乃指私家學校，只為本族子弟提供學習地方而設。內容學習古文，側重品德修身。

上水圍仍在　護圍河半亡

上水之發源點係上水圍，它在一個榕樹公園內，相傳該族要得發展，必須聚族而居，於是建立上水圍。人丁繁衍，遂繞圍而立村。圍成五角形，圍外有護圍河，從村後可見，今已改成泄洪渠道，已是舊日痕蹟。圍門樓磚砌，無名牌，只繪福祿壽，門聯大字書：龍騰鳳水，虎嘯鰲山。圍門用金屬扭結圓環，環環相扣。有天后廟一間，上水圍村有大元村、門口村、中心村、甫上村、文閣村、上北、下北、興仁村等八村。私家車小巴穿梭其間，交通便利。

松柏塱黃家圍　憶隨黃敬禮遊

　　出，沿河畔走到大頭嶺，有村公所，石上河源頭於村外，斜入松柏塱，有黃姓圍村，昔日庸社黃敬禮領遊過一次，今日重遊舊地。圍內屋整潔，圍牆仍見完好。循路出得金錢村，侯姓，村很大，特首別墅在村口附近。新屋興建甚忙。村中有大池塘，塘邊建設着力美化，予人好感。村內有一石苑，栽蘭出名，全苑佈假石設計，係識途者的追尋熱點。村中有小巴往車站。

大頭嶺村公所，村近石上河源頭之處

內多假石山的石苑，金錢村附近

石苑內遊人小徑

從大頭嶺過田隴通入 "松柏塱" 圍，黃姓，形制少有。門聯字體壯健，聯意有氣魄，不失黃帝子孫氣概

粉嶺蓬瀛彭氏圍

彭族根據地源於粉嶺，它有一間地標式美侖美奐道教勝地"蓬瀛仙館"，人多趨附；粉嶺圍便要探索追尋，自覺唏噓。

長度 4 公里

| 景色 | ★★★★★ |
| 難度 | ★★★★★ |

時間 1 小時

前段

路名壁峰
粉嶺名由

中段

祠聯訴出
宋史家聲

後段

猺人崇樹祭
路邊有遺痕

蓬瀛仙館是粉嶺著名道教地標，高踞火車站西山坡，俯覽粉錦平原，不論亭閣樓台，疊角飛簷，畫樑雕棟，都加以帝皇色澤，孕朱含黃，把一清老子、呂祖、邱真人神殿，堆砌得直是蓬瀛境界，此處就是蓬瀛，叫人不得不遊。

去程
　粉嶺鐵路站

回程
　粉嶺鐵路站

交通

粉嶺圍"思德書室"，通花矮圍牆及古式拱門使人耳目一新

馬適路

ROUTE

導賞路線

https://goo.gl/
wfUBdN

彭氏正圍　叫粉嶺圍

　　鼓族乃新界五大氏族之一，立村粉嶺，有圍村外，更有南北村、粉嶺樓、掃管莆，更遠及於蕉徑而至汀角；彭氏圍村叫粉嶺圍，位於火車站西北鄰。若叫"正圍"，人多不識，叫老圍，人亦不懂，叫粉嶺圍便恍然若悟了。

蓬瀛仙館正殿巍巍高峙，華麗莊嚴

樹老值得賞　粉嶺圍村老

　　前往路上，多林蔭老樹，樹容蒼古，棵棵堪看，不宜漫目錯過。村口有"粉嶺圍亭"，入內首見"思德書室"，拱門圍牆，饒有古風。圍村很大，道路四通，兜兜轉轉，轉出大廣場並有大池塘，大中小三砲並列小台上，面向池塘。有銘牌記錄，日敵時曾埋圍基地底，今日髹新陳列。

蓬瀛仙館門樓，牌樓重疊，側翼舒張，氣勢流動，感覺舒服自然

粉嶺彭氏圍，圍門頂三大圓圈係標誌

大中小三尊古砲，日佔時曾埋村下，今出重展

雙魚稱鳳水　芙蓉即龍山

砲後正對粉嶺圍正門，門聯紅書《前臨鳳水，後擁龍山》，念念不忘落腳龍山初衷，不知還記否因被排斥而駐村於此的往事。入內參觀，直街連八九橫巷，巷與巷空間似感偏窄。

宗祠較細　圍村景好

圍側是彭氏宗祠，較細，似欠點大族風範，鼓台斗拱，俱皆齊備。門聯書《商賢世澤，宋史家聲》，是宋末皇帝的所累，你不逃，元人就把你全村都殺了。祖是甘肅，南逃東莞、潮陽，而後香港，故彭氏祠每有祖承潮陽字句。"商賢"似非有關氏郡，而單指人文歷史，望文生義即可。祠旁有古井，久廢已封。三聖宮位於圍村口馬會道旁，聯書：威鎮北關，武奠南天，曹操與孫權都被懾服了。周倉與關平兩將侍立神像前。

馬會過壁峰　便得粉嶺樓

從馬會道過壁峰道 (即龍山中峰之粉壁，即粉壁嶺之來源)，到粉嶺十字路，得粉嶺樓，外為粉嶺樓路，路因村而名或村因路而名，村人亦感茫然。路旁村公所及家祠並立，鑲殷紅瓷瓦，非純古風了。

村口對大池塘，"風水"不俗

"人民初祖" 軒轅祠，行者必定前來參拜示敬

處處有掃管　此處是彭村

掃管埔村在北區公園再北側，從粉嶺圍過球場，穿公園出，村在公園貼鄰，俱已建成三層式丁屋。適逢族長彭乾福憩於樹下，問亦不知祖祠聯對中《商賢》之義，只説鄧氏皇姑進謁皇兄時所答："一扳高大屋，三踏到神前"之故事，並以其夫婿神主牌進見，因而死後獲追封"税院附馬"云。

彭氏宗祠形制古雅，略細，曾詢聯意，不果

共祖祀黃帝　猺人祭樹神

黃帝祠祀黃帝，國人之共同始祖，故祠上大書《人文初祖，開拓華夏》。我們都是炎黃子孫，都應來此參拜，瞻仰一番。路口大樹下有古老祭壇遺跡。有云是漢人來此前，猺人居此，他們有祭樹祭石習慣，沙田曾見類此遺跡。今粉嶺此樹下神壇，是否亦屬此？研究者不應匆匆以一般拜社公看待。

粉嶺樓村公所，在粉嶺樓路旁

村口馬會道旁"三聖宮"

黑灘紅樹掩白泥

青山灣有紅樓，后海灣有白泥，都與孫中山辛亥革命有關；白泥碉堡，夕陽紅樓，爭與革命餘輝，沾一分光彩。

前段	中段	後段
探農莊 看碉樓 懷往事	村畔流溪 廟響殘鐘	白泥村舍 百年古榕

每 看到白泥日落照片，知夕陽餘暉，輝煌壯麗，難掩夕陽一份淒美。知道鰲磡建有跨海大橋，如白蛇騰舞，橋下蠔柱密麻，顯得特有丰采，都想看看。聽到那裏路遠地僻人稀，交通困阻，也就打住，但心中如留一刺，很不舒服。

交通

去程

元朗泰豐街33綠色小巴
→廈村鄉下白坭村村公所

回程

深灣路沙江村33綠色小巴→天水圍鐵路站

水天倒映，林深處見古蹟碉樓身影

https://goo.gl/
S21zY8

來去兩匆匆　忘卻留人處

　　其實對白泥也並非那般完全陌生，愛遠足的朋友，當以青山為目標時，末程總有白泥的份，只是來到這裏，路程終結，人疲倦，時間也晚，都忙着尋路歸程。而今天，我們會把白泥作首位，流浮山作中繼站，它可東窮尖鼻咀，西搜下白泥，而白泥其實除日落外，可尋古蹟參神，遊河汊古道，看溪橋茅舍，隴畝之外，更探得百年古木，紅樹成林，漁塘彩傘，更有肯為你帶路的城市少有鄉村人情味。

白泥碉樓，列作與辛亥革命有關古蹟

桃花依舊在　人物復存情

　　"從前這樣，現在還是這樣"的下白泥，不禁使人愕然。在這小街上正感茫然不知所措，茅店大媽看出端倪，溫馨提示往海邊去，有古蹟看。謝過後往鐵閘方向，過

亭供"地藏王"，另殿有觀音，林木扶疏，頗堪流連

多橋橫跨的小溪，其中一條獨見幽處

這般村岸，有如許 "巨宅"

了羊圈，果見矮舊磚樓一方，前面有幾塊展版，看來就是古蹟處。

碉樓能抗戰 林樹護逃亡

屯門有孫中山逗留過的 "紅樓"，展版無註明孫到白泥住過。祇是熱心革命的追隨者，為呼應青山農場的不足，看中白泥地僻而岸多林，有利逃亡人仕隱藏，遂闢作支援基地，亦提供物資輸送。加建碉樓作保護。眼見碉樓磚砌，諒也足以抗衡百年前的步槍微弱火力。今天，它雖是全港碉樓中看來是最細小的，但已納入古蹟名冊。

亭林廟宇 遠響清風

再向海濱行，見溪流處處，汉道縱橫，河上鐵橋多起，都是橋盡處通入人家；獨有一橋，特別堅固，閘門虛掩，內進是園林亭殿，亭有地藏王，殿供觀世音，扶疏林下，都圍石凳，清幽修靜，可以答遠響，挹清風。欄外石堤，堤外亂石接茫茫滄海，遠處白虹，若隱若現。縱非桃源古風，亦當攜書細讀，漫想詩文，更宜偕友品茶，可偷半日之暇。

岸芷汀蘭，鬱鬱青青，城市人自是恨不來，惟郊行得之

大樹旁水濱小屋，風涼水冷

鴨仔坑無鴨　日落灘多泥

　　出，往北盡探漁塘鐵門大宅後，南行，多孔橋橫跨鴨仔坑上，從前鴨群雜沓，呷聲噪耳，今日園林旁築，豎牌明示：沿小路出，可賞日落。不嫌泥污，順道出尋，迎來紅木林，廣袤泥灘，就是晚照原點所在，只見分流水道，衝積泥丘處，丘上矮樹成排，倒影成洲；遠眺大橋，不過在林梢端一抹微影，已令萬千拍友，不惜勞頓，百般守候，為求珍貴一刻。

左側鴨仔坑，昔人放鴨人家，今通岸邊觀日落

不單發現古榕　更能盡得地貌

　　沿路南出都是白泥村舍，畦田掛網，魚塘伴橋，橋畔張傘，莫道鄉間只有農田。盡探上白泥村道，舍旁古榕，粗壯的堪與沙螺灣古樟媲美，形態三椏分上，與東北榕樹澳村口者相類，不知有納古樹名冊否？若閣下肯再出海濱，絕不會令君失望。而然後知道，若把白泥一段，略而不遊，是自己對香港地貌的認知有所缺失。而交通則是出元朗小巴半途可得截車而上，不算難。

上白泥村路屋旁巨樹，當以百年計

一叢矮樹紅仍綠，一望泥灘白還黑

香港島

第十六章

CHAPTER 6

60M

END

金馬倫山遇富豪

小童對到訪的尋師客人說：只在此山中，雲深不知處。我今問：金馬倫山何在？只在八爪魚中，其中一爪是。不親身探，怎知呢？

長度 4.5 公里
景色 ★★★★★
難度 ★★★★★
時間 1.2 小時

INFO

前段	中段	後段
細遊博物館 自有知識增	窮探金馬倫 不愁路已盡	行落香港仔 美味等君嚐

港島以太平山作主山，它的西面有西高山、龍虎山、摩星嶺，向北分出渣甸山，向南稍落有奇力山的群山擁戴；太平山的東面是金馬倫山，再過是聶歌信山，然後山脈南北分出紫羅蘭山、孖崗山及柏架山、砵甸乍山餘脈與鶴咀半島，然後奔入海中。

交通

去程
中環交易廣場 15 新巴→
灣仔峽道站

回程
香港仔石排灣 7 城巴→
中環碼頭

馬路上方石砌的護土牆，警隊博物館在石牆左方

導賞路線

https://goo.gl/
odSxc2

歌賦山　灣仔峽　金馬倫山　田灣山　香港仔上水塘　香港仔郊野公園　香港仔下水塘　黃竹坑　黃竹坑道　壽臣山　香港仔　黃竹坑道　仔海傍道

山名一大堆　可有記得無

　　上面一大堆算是把香港山脈整理出個大概來。現在，我們再在它的山腰部位的山系中，再探尋一下它的輪廓。灣仔背枕的山腰，不是有一個叫"八爪魚"的公園嗎，它左臨歌賦，右扣金馬倫，北通灣仔，南下香港仔黃竹坑。當搭巴士上山頂，走完司徒拔道，要轉上山頂道時，這裏有大片空地，它被打扮成公園模樣，涼亭、花棚、怡椅、飲水機、活動器械、小賣亭、洗手間齊備，還有一角花壇，驟視似門樓遺跡一所，金字頂的牆壁，纏滿長青藤，門楣和牆壁都有特別花紋和外族文字，據說是泰國公園。這麼典雅的小園地，不加注意，也便忽略了。

八爪魚甘道上，警隊博物館

徑道通"金夫人徑"

昔日交通警站着指揮交通的"交通亭"

鳥蘿纏佈的泰式公園

名叫八爪魚　實係灣仔峽

所謂"八爪魚"，是因為這裏可以通接到八個地方去，計：1.司徒拔道、2.灣仔峽道、3.布力徑、4.中峽道、5.香港仔水塘道、6.金馬倫山道、7.馬己仙峽通、8.山頂道。而正確名稱是"灣仔峽公園"。

警隊博物館　讓你想當年

灣仔峽公園有個著名地標，常被人忽略，以為到訪參觀必定收費，因而不把它放在行程內，其實它是免費開放的，只是逢週一休息，週二也上午休息，下午才開放。它位於甘道的遊樂場內的山崗上，梯級口有大大個"警隊博物館"名牌柱立着，梯間有一個警員自製小小模型，門口有一門機關砲，兩旁夾着大車輪，看來射程不短。一個舊式警員交通指揮亭，叫人懷想起四五十年代慢吞吞的，由警員截停了一個方向的車，才放另一邊的車，這樣的逐段放行的交通管理模式，使官塘道的塞車塞到新蒲崗，想起心寒。新一代年輕人，一定要來認識一下。

叢林中石製"水塔"

大隊精英漢　簇擁大富豪

內進有很多警隊裝備的展品，只是不准拍照。還是親身到來了解一下較實際。

出，轉到金馬倫山道，道路有盡頭，此路若不是專題探究是少有進入的，入口附近有掛法國旗的外國公館，另外卻巧遇一位常常出鏡的本港富豪，由大隊保鑣簇擁着行過來，竟然也有點頭打招呼。富豪並不一定拒人千里之外。

香港仔炒河　抵食大大碟

轉出到香港仔水塘路，時間有的是，竟然循着石屎路一路行，金夫人馳馬徑也是平路一條，下接回水塘路，一直落到水塘路出口去，竟然走上街市二樓的熟食中心坐低，與老伴各叫了一客乾炒牛河，原來大大碟，多多河粉，牛肉也不少。於是將一碟先行打包，兩人共享用一碟已足夠。這家食店真的很老實，值得再來。

山坡下另有乾坤的石卵裝飾古建築物

級路上通港島徑和福道

晨運客悠閒散步，稍下即茶樓處處

風雨亭，釘牌書《松鶴亭》，不俗

幽徑尋得生物學

我說要旅行有所收穫，最好儲備多點各種各類知識，今天的所謂通識，大抵也指此。所以，若不懂達爾文學說，在旅行時便少了很多見聞，都錯過了。

長度 4.8 公里

| 景色 | ★★★★★ |
| 難度 | ★★★★★ |

時間 1.2 小時

INFO

前段	中段	後段
讀點唐詩 有點詩意	識達爾文學說 知適者生存	石橋有古意 此古源於誰

香港是宜於居住的城市，其中一個好處，是郊區和住的地方很接近，稍行不遠，便可把自己置身郊野之間。比如今天的遊程，當會使人喜出望外。從九龍去，跳上開往小西灣的 118 巴士，過海後便即駛上東區走廊，不需停站，第一個站便是柴灣道的阿公岩，第二個站鯉魚門公園，第三個便是到頂的柴灣坳站，落車了。

交通

去程
太子鐵路站 118 九巴→大潭道站

回程
柴灣鐵路站

大潭道上土地公社壇

導賞路線

https://goo.gl/mYwdh1

柴灣坳

柴灣

東區走廊

永泰道

柴灣道

柴灣道

柴灣道

柴灣

歌連臣角道

歌連臣角道

大潭道

石澳道

大潭道

砵甸乍山

馬塘坳

山翠與興華　大字標邨名

　　於是橫過馬路，向大潭道上行，"一路經行處，馬路見屐痕"，可以緬懷舊跡，高廈與樹林爭相出現，首先是山翠邨，再不遠便是興華邨，都是早為人識的頗老屋邨了。都在車路入口處大大字書寫邨名，提醒駕車者不要誤入。

山邊山神廟　彩旗惹人注

　　邨的對面山邊，突見三角彩旗，掛得滿空旗海，是把本來平靜的山神廟，裝扮成充滿節日氣氛，熱鬧起來，好教平日不受人注意的小小廟宇，也很易被人注目。方法是有效果的，比如船灣三宮廟，若果沒掛上沿路彩旗，那就要費一番功夫方才找到了。

引水道旁鐵欄相護

看似一棵樹，實是兩棵生在一起，從樹身紋理可以分辨

徑盡處為大峽谷，橫跨石橋

達爾文論　適者生存

　　屋邨盡處，有一個路口進入到引水道去。這就是柏架山下引水道。便可得到平路了，因為引水道都是等高建造的，可以放心行。把自己放鬆，心思放在路上，放在腳下，放在兩旁景物，細心欣賞，仔細接收，可以看到山坡上植物如何與環境尋求適應掙扎求存。世界知名生物學家達爾文，就是這樣悟出道理來。

樟樹本材木　焉抱雜樹為

　　似乎真的收穫來了。一棵路邊的大樹，從根頭分兩椏直上，樹身已有一尺直徑那麼粗，從樹頭看，它們是一棵樹，但看樹幹，兩椏的外表截然不同，外方的一棵樹皮有很多作垂直骨牌排列，似以老人皺紋，全樹身都是；細細的葉子，這是樟樹特徵。另一棵的樹皮光滑，樹葉凋零，於是這兩不同種的樹就像一老一嫩的相擁在一起。它們的樹頭部份是完全無縫的接合。相抱得緊緊的，吻合得天衣無縫，仿如一棵樹，它們根本結合成一棵樹。樹若有情，樹會自白。我順口拈了一首順口溜：

> 共生純天意　相依衹為鄰
> 本來情不願　勉力共此生

朝陽末午，橋影彎彎，香港竟有如斯建設　　　　山上有輸電鐵塔，山頂有雷達站，大名鼎鼎之柏架山也

大榕樹下一桿橫置，限制車流

莫道人情少　時有栽花人

　　這條引水道很多變化，不時引來驚喜，並不枯寂。它被一條馬路攔腰穿過，也多彎曲，渠道上有時會被鐵板封蓋，道旁還有鐵欄等等，晨運客的休憩點，更把地方打掃乾淨，種上心愛的花，掛上布帳遮陽擋雨，還擺上坐椅，掛上時鐘。

遇橋右轉，至盡處山澗流水，有壩築攔

前朝作品　古橋可賞

　　一條長長石橋橫跨在闊闊的澗道上，橋的設計看它的欄杆，承托橋面的高高石柱，應該都是前朝作品，故呈現出十足的古羅馬風味，可惜兩旁雜樹頗多，阻擋視線。行盡橋右入可尋澗源。看石上流泉，聽林下水語。左行過引水道後，上斜便出大潭道，有巴士站。是否有點捨不得離去？本書中將有不少下文，篇篇都出人意表精彩。而本線，可轉落歌連臣角道，到柴灣去。

側望欄橋建築，方知來處不易

樹蔭山坡有"守望"建築

澗流下，再有截流壩橋

大浪山中藏古刹

行山，既賞自然風景，亦看人文景物，兼收並蓄，
這才豐富人生。若懂些古典文學，那就更妙。

長度 4.8 公里

景色 ★★★★★
難度 ★★★★★

時間 1.2 小時

INFO

前段	中段	後段
路平好走 盡得優悠	引水道旁 得加小心	山高浪白 俱收眼底

174

這是石澳道，歌連臣山的坳口，地位相當重要，除了
是下通香港重要海灣石澳，還扼通南區重鎮赤柱要
道，亦是每年兩度孝子賢孫祭祖掃墓的出入口，旁邊更
有標明禁區的懲教所所在地。或許有人會心生不快，但
只要心胸坦蕩，正氣凜然，自然百邪不侵。正如范仲淹
所書："渹大難吞范仲淹"也。

交通

去程
筲箕灣巴士總站9新巴
→歌連臣角道站

回程
小西灣道曉翠街8P新巴
→銅鑼灣希慎廣場

近處港島北角鰂魚涌，遠處九龍鯉魚門油塘

導賞路線
https://goo.gl/
k7vhLg

柴灣坳
柴灣
永泰道
小西灣
富欣道
柴灣道
柴灣
柴灣道
歌連臣角道
E
歌連臣角道
100
200
砵甸乍山
石澳道
大潭道
S
石澳道
馬塘坳
300
石澳郊野公園
300
歌連臣山

級登坡道　磴列陣迎

　　循石級登上坡道，一列石墩在路邊相迎，路旁還豎了一些路牌。上行百步，到三岔路口，若沿此路直去，就是馬塘坳，可往大浪灣；若轉右上山坡，便是打爛埕山，亦是全球都識名景點"金龍脊"入口。

從大潭峽來，往大浪灣去

陽光煦煦　樹木欣欣

　　時近中午，風和日麗，涼風不冷，路上左邊高林，右有山崖，俱把陽光遮隔。只是從樹木的樹梢，知道它們正欣然接受春天陽光的照拂，紛紛爆出嫩芽，要加上點微紅新綠的力度，方能達致把它們形容為"層林盡染"的態勢。

馬塘坳上，引水道旁廣場，風雨亭旁是往大浪灣入口

級頂高處回望，大浪灣山咀層出，與大浪搏出浪花

沿引水道直入

引水道折曲處，石級轉上山路，靚風景就在上方出現了

車路盡處　馬塘坳現

行20分鐘，入哥連臣山段，這裏是一個闊大山口，面前山海同觀，下臨市谷，高廈如排杉，遠山如逐浪來奔。路前一座屋形風雨亭，幾組早到行者，正紛紛藉亭取景拍照。再前行5分鐘，一列用方形石塊鑲嵌的美術山坡過後，馬塘坳的大廣場出現了。

馬塘大草坪　休歇理想地

馬塘坳是一個休憩場地，有尖角型大風雨亭，沿亭周圍以石欄作櫈，更有長椅列排場邊。草地中植樹數株，長成後足可遮陰，亦可使場貌改觀，使疏於遊者將不可復認。此坳亦是集水道的交匯點，一條哥連臣山引水道，作T型連接於渣甸乍山南引水道，匯合後向下方傾斜流注到水塘去。此地是小休或大休場所，行者掏出茶水或乾糧享用。

第二入口　級靚景美

亭左的引水道，就是砵甸乍山南引水道。這水道一直縱深向東伸延，也是通往大浪灣的另一條徑道。落大浪灣於此徑有兩個入口，第一個入口，即在引水道進入不數步，便見到大個告示牌和石級，一直向下方深入，但較崎嶇，不擬介紹而沒試行；要再行25分鐘到第二路口，路形開闊，大路牌和有長櫈。此徑修整完善，沿途風景優美，不愁枯寂。

古廟無鐘掛　空山難聽鐘

過路口前行，路向上坡，記得回望海灣，只見灣形曲折，層層大浪推進，圍繞咀角海岸，盡鋪白雪，非常秀美。稍行，有小徑引來，望之有舊壘一方，後牆已毀，供觀音瓷像於長案上，頂披布帳擋雨，打掃乾淨，門聯書：《花木有情知我意，山川無語任君遊。》如此簡陋，正是"野寺來人少，雲峰隔嶺深，夕陽依舊壘，寒磬滿空林。"感觸未已，觀景台就在數步之遙，景版上刻着的正是東九龍風光，鯉魚門、將軍澳中心、清水灣半島等等，君家在何處？前行下坡路可到小西灣。級路頗漫長，宜細細步，慢慢行落到路口。有晨運站供免費茶水。稍歇然後再落小西灣尋車歸去。

近處山下咀端似為另類建築物

上到山高處，路旁有破壘，有心人供了神像

山腳下有晨運客茶寮，山水煲成凍開水，任飲

鮮艷的風雨亭

昔日馳馬今行人

用來騎馬的叫"馳馬徑"，信差用的叫"驛道"，古人行的路，就叫"古道"。香港無驛道，有馳馬徑，更多的是古道，今天仍被人行走着。

長度 2.2 公里

景色 ★★★★★

難度 ★★★★★

時間 50分鐘

INFO

前段	中段	後段
納入步行徑 半里有路標	山松松針短 馬尾松針長	金督園公園 如今仍然在

港島半山有條"金督馳馬徑"，這位"金督"就是指本港第十九任港督金文泰，這位港督，漢學修養很深，青山寺牌坊便有他的題字。有一間學校，以金文泰命名，曾有一段很風光的日子，很多家長都想把子女送到這學校去上學。而金文泰很愛在假日策馬山中閒遊，便在半山闢出一條通道，經中環一直通到鰂魚涌去。現在我們不騎馬，而是用自己雙腳走，看看路形，看看沿路風光。

交通

去程

中環交貿廣場總站6城巴→黃泥涌水塘公園站

回程

畢拉山徑站11城巴→銅鑼灣希慎廣場

港澳知名人仕大宅，今日大門洞開

山光道

藍塘道

司徒拔道
司徒拔道

渣甸山

大坑道

畢拉山道

畢拉山徑

E

蟠龍道

比雅道

大坑道

黃泥涌峽道

聶高信山

黃泥涌峽

大潭水塘道

深水灣道

S

導賞路線

https://goo.gl/
fPFSnq

紫羅蘭夾聶高信　此峽交通四面通

　　起步點就在黃泥涌峽。這"峽"由東邊的紫羅蘭山和
西邊的聶高信山夾成，一條黃泥涌道，從大道東接上來，
跨峽南落淺水灣去，右接南風道通出深水灣、黃竹坑，
左上可進入大潭水塘；相對的路可上布力徑。峽上有一
油站，路中央草坪有石筆型紀念碑，人們愛把這站的特
徵向司機示意停車："石筆落車"。

路口豎了很多各式路牌

金督馳馬　我今行人

　　落車後，前行數步，有石級相接，級盡處，就是這
金督馳馬徑。路口豎立了很多名牌，如樹木研習徑，大
潭郊遊徑，又有古蹟尋秘徑。若再上出馬路，路口有大
宅，乃澳門賭王何鴻燊所有，路盡處即陽明山莊，亦登
紫羅蘭山之入口，……。

住宅下的公眾場所，行者都愛在此"方便"

兩旁高坡，夾出甬道

公園便急所　電話應急亭

　　進入金督馳馬徑後，路面非常平整，由石屎塊件鋪砌。首個轉彎處，路牌標示這下邊公園內有"便急所"，此徑僅此處可提供方便的地方，前路都欠奉了。還提示到，前面有緊急電話亭，遇到緊急事故，可用來求救。今天手提電話雖則普遍，但此類應急設施，保證效率提高很多。

郊遊徑標距　半公里一程

　　行10分鐘，出現路徑標距柱 C4109，這是郊遊徑一種標誌，每半公里標示一次，上面的數字不妨用點腦把它牢記下來，或者把它記在隨身攜帶的記事簿上，出現事故時求救，可用來說出自己所在的大約位置。

原來內有乾坤，不止路通，還有枱椅

路形非坦直　多變有看頭

　　路形很多變化，彎多之外，有彎很深入，出現的石澗也很大很闊，給人意外的喜悅。出了林，右方變得光亮，有坑，無水，成乾坑一條，路旁有松一棵，標示馬尾松，真值得懷疑，馬尾松針很長，可至肘，今只約半掌般短！

前有枱椅，路轉彎不見了，建築物卻張開大口

路向左轉彎，前面卻出了點異樣

路旁水管，特加英泥鞏固

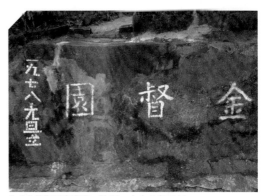

為"金督"而造的園，註明一九七八年元旦

彎大坑亦大　彎深澗更深

轉入大曲彎，山澗更闊，有大石板岩，高踞澗上方，望之勢危，其下有粗大水管，由石屎蔂承托。出彎，路旁有石級從上而下，是公園入口。牆上築馬賽克砌名牌，上書《金督園　一九七八年元旦》字樣。有徑亦有園，對金督不薄。附近亦有告急電話亭。

路接畢拉山　督徑依然續

路轉單石塊組成，小心踐踏，勿踏邊際，防滑。再前行不久得闊窄橋，後落到很寬闊石屎堤，過大叢印度橡樹，下邊便是馬路，金督徑第一段到此暫時完結。未曾完呀！

級級路在前，有人會嫌煩，將我變有奇趣

寶馬飛騎到柏架

寶馬至柏架段，路形開朗，不太長，更有級路可
落探柏架道上方的"送子觀音"，如是，已將到
終點了。

長度 4.4 公里
景色 ★★★★★
難度 ★★★★★
時間 1.2 小時

INFO

前 段	中 段	後 段
路不難行 找車較煩	路有彎曲 景色多樣	石澗跨古橋 難得有古意

這 回出發，因要接回上次退出路線，故此也要來到寶
馬山道起行。這寶馬山巴士站位於路盡迴旋處，使
人錯覺以為是總站，其實是中途站，這25A可能循環線，
到了寶馬山仍不停站及埋總站停車，而需要乘客打鐘示
意才會停，好在司機也算了解乘客心態，見我們動態是
想落車，卻無打鐘示意，問我們是否落車，終於停車讓
我們離去，相當狼狽。

交通

去程
灣仔消防局站25A新巴→
寶馬山道賽西湖公園站

回程
鰂魚涌鐵路站

過了寶馬山馬路，盡了甬道，便是這些級級路。

鰂魚涌

鰂魚涌

七姊妹

E

太古灣道

太古城道

太古

英皇道

康怡

西灣河

天后廟道　　馬山道　天后廟道　　百福道

S

賽西湖
公園

寶馬山

導賞路線

https://goo.gl/
a8SNHJ

巴士搬站　問道多人

　　這條線從前在灣仔碼頭作總站，與905並排一起，現在不知遷到甚麼地方去，問道於多人才得要領，原來就在會展側的馬路對面有站可以搭到。除25A巴士外，本來也有兩條專線小巴到寶馬山，但要熟悉它行走路線才可搭上。

入口甬道平　石屎級上行

　　落車後，橫過馬路，入口在更上方的一堵高牆下面，與一片鐵絲網夾着不算窄的甬道，落幾級石級，石屎地面，雖有落葉，但算乾淨，巷盡，轉右，上望有約卅餘石級，末端分兩個出口，其一如馬路斜上，另一是石級，同接入金督馳馬徑。

級級路又接斜斜車路，便到盆路口

本路程出現一處古典建築，就是這座石橋，多欣賞一下

這就是原來風貌

今天多鋪石屎，從前騎馬時肯定是泥路

路口木牌　指示分明

照顧周到，此地在路口豎立了一個路牌，寫明寶馬山，右向是黃泥涌峽道，左走是柏架山道，我們曾從右方來，自選左方行了。現在是在寶馬山脈腰際，望着港島壯潤市區行，轉入一個大彎。山坡前有人工樹杆形的石屎欄，彎盡是一條旱澗，無水，仍頗有氣勢；轉出，一條長石級從山上的配水庫衝下來，這些路對行山人來說，無特別意義，不會引起登遊興趣。

路形曲折　好景續來

這一節路，彎路頗多，才過了彎，行小段路，又是轉彎，路入路出，有彎而不大不深，但見所有彎處，附近一段路面，必鋪成石屎，用意恐係防止彎區聚水，雨後出現水流湍急，容易沖走泥土，甚至造成路崩，鋪英泥用以鞏固路面。

大石澗上　難得古橋

前面的一條大石澗上，出現了本路最宏偉，最有古意味道的建築，就是在大澗上，用岩石架設了一條土味十足的石橋，不止橋面，還有橋欄石砌，橋下還有厚大的橋躉，都是石砌，它的堅固，能經歷超過百年而不會倒塌，顯得古意盎然，令人好感。

休憩木亭　登山古道

澗前成了小廣場，有休憩木亭、地圖版；旁邊一條登山古道，可登山後繞到前面另一古道落山回本道。木亭築於石台之上，路中並豎立了幾根石柱，目的是阻止騎腳踏車者進入。而此橋已可為拍友帶來無上樂趣。

求神望生子　拜送子觀音

路接第二個落山口，可往柏架山道，若下行200+200石級進觀音廣場，竹林下有大型露天送子觀音瓷像，爐煙繚繞，煙火頗盛。過橋可落到柏架山道去。重回原路直前，出現畢拉山與柏架山景，路邊的長欄杆，也表示很快便到柏架山道了。

舉頭望去，高山上兩峰，背有雷達

此路口除觀音廣場外，還可下通柏架山道

道有岔口，認路標指示即可

香港九龍，中間夾了維港

紫竹林內，有位送子觀音，有求子者正上香虔拜

柏架康怡有奇徑

長度 5.2 公里

| 景色 | ★★★★★ |
| 難度 | ★★★★★ |

時間 1.4 小時

INFO

2016 年 1 月 26 日的清晨，我們已遨遊山野間，才知道我們香港正經歷着六十年一遇的嚴寒之夜。大帽山上，現在還有不少人正與嚴寒掙扎、搏鬥着，非常狼狽。

前段	中段	後段
寒氣料峭 山色更明	徑不平淡 奇石突來	徑上出"門"兼有"峽" 難得奇徑有真奇

原意上山賞雪　誰知反被冰愚

去程
太古鐵路站

回程
耀東邨耀華樓站2A 新巴
→銅鑼灣希慎廣場

交通

隨着地球彼端霸王式寒暴南下之際，人們預感到山上會有難得一見的雨雪，而出乎想像之外，老天爺給予加倍的凍，使空中水點未到地已成冰粒，地面上的水也結成冰膜，登山觀雪者的衣帽，都灑了霜花，帽沿結了冰掛。

陽光普照，天色潔明，這是我們今天的早晨

鰂魚涌

七姊妹

鰂魚涌

英皇道

太古灣道

太古城道

愛秩序灣

太古

英皇道
康怡

西灣河

阿公岩

西灣河

筲箕灣道

筲箕灣

筲箕灣

輝興道

輝興道

柴灣道

導賞路線

https://goo.gl/
PRjJIR

驚覺地面冰膜　始知落山困難

　　人們驟然驚覺，地面上結了的冰膜層，足以使他們寸步難行，落山談何容易，打滑、跌倒，嘗試手牽手串龍行，同樣不濟。滑倒了的乘勢坐着，當然更會凍壞了屁股。於是惟有請救兵。於是山上亂成一片，陷入"兵荒馬亂"中。

嚴寒天氣　山色更明

　　同樣的寒冷，沒有把愛山行的人嚇跑，我們已踏入一條香港半山的林徑上，嚴冷把霧靄雲氣都冷凝了，山色非常清明，陽光少有的艷麗，天空少有的蔚藍，連慣常罩空的灰霧也躲了起來，真是難得好天氣，行山好日子。

AGRICULTURE, FISHERIES
AND CONSERVATION DEPARTMENT
TAI TAM COUNTRY PARK
QUARRY BAY MANAGEMENT CENTRE
漁農自然護理署
大潭郊野公園
鰂魚涌管理站

這裏仍入"大潭郊野公園"範圍，留意管理條例

石屎路段後，便是泥路，還堆出巨石當途

兩石相夾，驟看路塞，原來柳暗花明。
號為 "踢腳門"

巨石擋途，應書 "我來也！"

壯麗樂章　先來前奏

　　入口比較黝黑，朝陽散出點點葉影。路面的十餘米有較多亂石，卻正好用作熱身。宿雨造成的泥濘。它像為這條不平凡的徑道，作出一段不平凡的前奏。預備着好好欣賞不尋常樂段的到來。

彎深徑曲　多變誘人

　　雖是泥徑為主，但是每個彎的前後附近，都一定用英泥鋪上，用意當然是鞏固路面，保護泥土不被流失，甚至造成塌方。顯見花過心思。而在山坡外側，也特別的用英泥模擬樹幹形造的欄桿，很堅固地豎立在崖邊，有時還長長地蜿蜒曲折，甚至有些上下高低，替這條徑道增添了變化趣味。塗抹殷赭的保護色，恰恰是萬綠叢中的那點難得的 "紅"。

石欄深入處，何去何從

"門"雖攔路 穿身可出

旅行時會特別欣賞地形變化,難得遇上的"門"、"峽"更是推崇備至。由於"門"是由兩岸山咀相互對出夾成,故較為難得,"峽"更是因兩列高山,互為犄角對峙,景致也特別的有"驚艷"感覺,故視為難得。而它們都"在水之濱"。而本徑竟然在陸地上,出現了"攔路門"。它在路中的巨石叢中,突有一巨石伸出,像要伸手把路攔着,使人勿得前進,對面又有另石相夾,便有"山窮水盡疑無路,柳暗花明又一邨","門"的感覺便出來了。

雙岩斜出 峽號玄峰

落山之前,迎來一個更大驚喜,兩高石互斜相對,當中而立,大有一夫當關,萬夫莫開之概,趨前視之,矮矮石級可從石下通過,若岩體上尖如鋒,大可名"青鋒峽",但較圓,石色有較暗褐,因名之為"玄峰峽"。平凡山徑,有此奇出,且有別於只能水道中求,而可在陸上得,故屬徑中奇趣,故珍之重之。

巨石在林中,長相似"仙女梳妝石"

我們都是繞着柏架山畔轉

本徑著名多奇石,此為"攔路門"

雙峰乍合,其色黝黑,故為"玄峰峽"

大潭灣畔談心情

儘管有人佟言大潭灣很簡單，鶴咀與赤柱兩個半島相夾而已。讓他試從土地灣出發，行到灣篤的大潭壩道上。一個石碑山，使大壩的出現，彷如曇花又消失得無影無形。使人大感意外。

長度 7.4 公里
景色 ★★★★★
難度 ★★★★★
時間 1.8 小時

INFO

前段	中段	後段
落土地灣 石級較多	開首崎嶇些	水平線前行 十幾米到馬路

石碑隱壩影　真如此神奇

究竟鶴咀半島地形為何有此神奇？最實際是親身勘探，實際體驗。9號巴士在筲箕灣地鐵旁邊，它也是排在最外的一行，泳季未至，乘客不多。車上到柴灣坳，轉入大潭道，哥連臣坳轉入石澳道，爛泥灣站後便準備土地灣落車。

交通

去程

筲箕灣巴士總站9新巴→石澳道土地灣站

回程

康樂及文化事務處香港沙灘貨倉站14新巴→西灣河鐵路站

港灣山坡上紅山半島

歌連臣山

石碑山

大浪灣

雲枕山

觀音山

石澳

龍脊

打爛埲頂山

蓮花井山

大潭港

爛泥灣

白筆山

龜山

大潭篤水塘

大潭道

石澳道

龜背灣

土地灣

鶴咀半

夏萍灣

導賞路線

https://goo.gl/gjSZ3Q

下通土地灣　上登金龍脊

　　土地灣站很熱門，上可登金龍脊，下可落土地灣村。我們沿石級先探村岸風光，沙灘上排滿風帆，都用帆布蓋得密實，有幾隻帆船正在插桅裝帆，準備出海。灘後一列村屋，都有人住，都是洋人。他們獨愛這樣的清靜環境。茂密樹林遮滿海灣，溪水從坑道流出，岩石堆在海角。對岸是大潭頭咀端，鍋形天線神氣地昂着頭，朝向天空。

大潭道窄，有踏單車者，路人為危

石屎路不走　偏向水沖溝

　　沿路回頭上走，只十餘步有石徑從旁引出，沿之入，多處路牌提示崎嶇路滑，得加意小心。這些提示，幾乎把我的前探念頭打消，幸老伴提議前行再算。卒之不遠處有山路一條，從山上接來，要捨直行平路，而向山上

大潭頭咀有鑊形天線朝向天際

土地灣上披上保護罩的帆船群

沙灘上宜植黃槿，它們繁枝交錯能交錯成綠林隧道

行，且是崎嶇水沖溝路。這樣的路，難予人好感，很難叫一個不熟地形的人繼續向前進。好在猶豫間已上到頂點，是一條引水道盡處，也即是此路的起點。港島徑標距柱是 H084。

前面四鄉村　位水平線下

引水道的路形特點，是沿水平線前進。不會有上落高低，路面相對平整，少有崎嶇。正是我們要的條件符合。於是為找到心目中目標而暗自高興。而剛才我們放棄了不曾進入的下行直路，又該是往何處去的？那不見得此路不對，它是直通前面海邊的鄉村去的，前面會有三條鄉村：一是銀坑村，再過是東丫背村，然後是東丫村，最後到爛泥灣村。

銀坑爛泥灣　徑通石澳道

沿引水道行，與鄉村隔了一段滿佈樹林的山坡，但從引水道也有路可通落鄉村去，第一處岔路且有石級路可上通石澳道的，是銀坑村，其後有岔路可通海濱。再過一條大型石澗，及有溪橋形成的十字路口，那是爛泥灣村。

灣內雅致住宅，洋人居之

大潭灣後起伏不斷的就是"金龍脊"真面目

堅持向前走　終到目的地

　　就是在此村附近路石小休，背後已見大潭壩影，近在咫尺，以為快到出口了，誰知起步前往，久行未見壩，剛才看到大壩非常接近的，為何大壩突然不見了，久久還沒到坲？還以為錯過某路口，真的頗令陌生人吃驚。原來就是石碑山作的怪，真的被石碑山把我迷惑掉，而卒之完成探險般路程，卻有極大安慰感，且由自己探得的路，當然還有一份成功感在內。其中要記一功的是老伴的捨力支持。探路是需要有信心、有堅定毅力，不輕易放棄，成功感可補償一切。

引水道的開始處

曲堤後有大石澗，故加礙流設施

打爛埕頂山又叫石澳山，登頂可下望另方的石灘泳灘

坑內有深窟，澗下有深潭

灣畔鄉村仔細看

行山之得以堅持，源於一個信念。這信念就是來自旅行界前輩，本人的私淑導師千景堂主李君毅，他說"必探其極"，必須身體力行，眼到之外，更要身到腳到和手到。

長度 7.4 公里
景色 ★★★★★
難度 ★★★★★
時間 1.8 小時

INFO

前段	中段	後段
騎樓石龐大 銀坑環境靚	東丫村容古 地方很整潔	爛泥灣開揚 道觀新修繕

上方引水道　下方有村落

鶴咀半島西岸，既已縱遊一遍，從土地灣到大潭篤，何須再遊？但，西岸不止引水道，下方還有村落，據知應有銀坑村、丫背村、東丫村，還有爛泥灣村，石澳道上還有一個"蓮鶴仙觀"巴士站牌，縱使頭尾的土地灣與大潭篤村已遊，剩下未遊村落、海灣，能丟下不管作算？

交通

去程
筲箕灣巴士總站 9 新巴
→石澳道土地灣站

回程
康樂及文化事務處香港沙灘貨倉站 14 新巴→西灣河鐵路站

土地灣對岸，紅灣半島風光

歌連臣山

石碑山

大潭
篤水塘

大浪灣

大汲

雲枕山

觀音山

蓮花井山

大潭道

大潭港

石澳

龜山

白筆山

爛泥灣

龍脊

打爛埕頂山

石澳道

龜背灣

土地灣

鶴咀半

夏萍灣

導賞路線

https://goo.gl/jJ1ylB

蘇子遊赤壁　亦作前後遊

　　就是這樣，使我和老伴再次踏足土地灣之行。效蘇子之赤壁作前後遊，細味香港這些港灣風情。老實說，我們只在金龍脊半山腰，看到的也只是較低角度的景物，就順其自然地去尋找眼前景況吧。如，在這裏也可看到赤柱尖端，那大潭頭上昂首向天的通訊衛星天線，不就因為它們，我們才可以和世界朋友，在地球的另一邊，能像在港九般稱意交談嗎？沒有這些設施生活的質素不但大受影響，連經濟也大受影響的。還有，若沒有香港人發明的光纖，肯定也不會有像今天這般完美。

大潭道落土地灣處，有巴士站

級路曲折　騎樓石奇

　　在土地灣曲折的梯級上，一條小路引導你走到一塊大岩石旁，那是一塊天然的騎樓石，面積大，下面可以通行，落雨時可以替十人以上遮擋雨水。

巨型石肩，可供多人避雨

銀坑村內，一河兩岸，風光樸素，似鄉村姑娘

沙灘雖細，幼而清潔

山水長流不輟，造就"銀坑"

髮夾彎多牌　警告路濕滑

落到轉彎點，是髮夾彎，豎了許多指示牌，要點是這裏是港島線。還有是作出路濕石滑的提示。路上到高處，便是開岔點，我們沿直去銀坑村石屎路，繼續上行到高處便出林。路邊有多個作為承托水管的巨型石屎躉，可以小坐休息。值得改善的，這些山徑，大都缺供人小坐的設施，連像樣的可坐的石頭也欠奉。

相逢不相識　只是志趣同

路向下行不久，便有白色小屋出現，是還在修建中的溪邊小屋，附近環境不錯，屋側有很大山澗，故得名銀坑。村民可能不太想外人進入，大多含糊其詞：難行、多狗等等，使我迫得小探之後，原路回引水道再算，而於石屎躉上小休時遇正擬前行入探的蘇姓行友。

我到東丫村　友到爛泥灣

當上回引水道行到東丫村口上方，正擬落去探村時，得蘇兄電話，説已從村道走到爛泥灣村去，這顯示沿村岸前行，是可以通去而沒有問題的，於是堅定信心實行落去探村。村容是破落的舊屋，但似有人到來打掃，一切整潔，太陽傘，陽台曬衣架，門口瓜棚，冷巷盆栽、村中大樹都好。是寫生好題材，攝景好地方。但已錯過有高官僭建的東丫背村。

裝修後煥然一新的"蓮鶴仙觀"，位爛泥灘畔

路過見泥灘　已覺非常美

　　沿東丫村路走到爛泥灣，蘇兄知我來，遠在村口等着，一面之交，竟有如此相助之義，急忙謝過之後道別。灣的地方很大，闊落開揚，蓮鶴仙觀就建於西岸，剛修繕完竣，整潔莊嚴；東岸屋宇成排。面對的爛泥灣是石碑山與打爛埕山間水流沖積平原，平日乘巴士路過，下望這些泥灘覺得很有鄉村風味，很美，很想能作一趟細遊，淺溪提魚，泥沼拾蛤，草下追蟹，灣岸獵照，農舍探奇，都能一樂。坑流有陋橋橫跨走到東岸的村舍去。橋前石級路可上到引水道。再跨引水道石橋上山，就是石澳道巴士站。若沿引水道行約4里，到大潭大壩前巴士站，時間充裕，不妨先落大潭篤村，觀賞大壩雄姿，完成一天非常豐富充實行程再歸。

爛泥灣村屋群，灣盡處有橋可到彼岸

引水道機械截流的現代化設施

從高處眺望爛泥灣村，有水鄉意

榕根纏屋的東丫村，村外有碼頭

中塘峽道上紫崗

大潭水塘，在香港區算是一個具規模的水塘，建設年代很早，也顯現那個時候，人們在取用地球資源，留有一份珍惜的用心。

長度 4.5 公里

景色	★★★★★
難度	★★★★★

時間 1.2 小時

INFO

前 段	中 段	後 段
水塘道路 平坦好走	沿塘邊路行 都是山泥路	路很原始 要加整修

上下總承載　南北貫交通

大潭水塘分佈在深山群中，一部份一部份因應地勢，築堤蓄水，上端的滿溢了，往下流的水也要把它貯起來，別讓它流進大海浪費掉，因此下面築起接收塘；側近的山谷看看可以利用，便築了中塘，又用壩攔起來。最後發展到最邊際了，才用一條大壩加以總承，使各水塘的水都不會浪費掉。而在這總堤壩上，更發揮出最大的經濟效益的能量，將香港南北貫通暢達，為赤柱半島以至南區的發展，打下良好的基礎。

去程	西灣河鐵路站14新巴→大潭郊野公園站
回程	淺水灣別墅站6新巴→中環交貿廣場

交通

水光橋影，遊人樂影不疲

大潭水塘路線圖

ROUTE

野豬徑

大潭郊野公園

大潭
副水塘

大潭
水塘
道

碑

紫羅蘭山

大潭中水塘

大潭篤水塘

大潭道

E

淺水灣凹

淺水灣

蓮花井山

大潭

導賞路線

淺水灣海灘

長連山

孖崗山

龜山

https://goo.gl/
Q5UdEz

老虎山

赤柱山

淺水灣中灣

需索不迨盡　人物好共容

我們在水塘區遊目欣賞四周的山光水色，舒適的郊野環境時，若再肯深入思考一下，也不難發現西方人對於自然環境與人文的共存關係，在水道中肯花費人力與物力去建構一些通道，去達致兩皆受益，而不只是向環境佔盡便宜，討好處，初期水塘建造如是，後期水塘的建造也如是。

大潭水塘多休憩設施，遊人稱便

鳥喧綠林　人隨滿月

在蓮花井山的呷咀，本來有個小小海灣。一般而言，只須在這裏移來一些山泥，把灣填高，最多是仁慈地在地底留個山水洞口，便可了事。但這裏是大動土木，築了一條古雅風味十足的石橋，作為通道；再過些的長連山的山溪出口，又築了一條更有規模石橋，都是高腳的

廢村製成坐櫈，所花功夫不少

兩個半圓，合成滿圓

前朝作品，護欄提也自自有風格

由麻石砌成的石橋，在澗道上，人和車都可通行。鞏固的石欄，讓行人可安心步過，還可舉目遊觀，一橋兩望，一邊是藍天碧水，湖面寬闊；一邊綠樹紅泥小港灣，遊人如在滿月的石橋映像中行進，置身圖畫中。

勿因地制宜　小看中塘壩

　　我們就帶着這份愉悅心情走入去中水塘區去。中水塘屬第三期工程，偏離了由1、2期到末期主道上，路口隱蔽，遊人不多，識者才會進入。筆者曾專題探過中塘的大壩，今回將是探壩外，再作全程探遊。適時又有組織者作競步賽道，故路上非常熱鬧。

從中塘上到紫崗橋，自然小休一下

中塘堤壩大　泥路要加工

　　中塘的堤壩，非常闊大，決不是小兒科，因位置偏僻，較少人看到。特意走到壩底，避開大樹，希望拍得較全面的照片。之後返回路面，繼續上行到壩頂，轉入塘邊小徑，依塘而建，向西伸延，一路平走，但都只是泥徑，是原始山路，不作修葺，凹凸者有之，坑陷者亦有，時過溪澗，則用長條石塊攔澗上，旁邊豎個小心防滑牌便算，秋冬乾旱季節不打緊，春夏時每有夜雨，把山泥弄濕，泥面會有跣滑非常，臨近到紫崗一段較長泥路，雨後更難行。漁農處似宜做點修補功夫，勿令放任自然便算。上到紫崗橋，最近是落到淺水灣去，走小段較崎嶇路，結束今次行程。艱苦些，但很有滿足感。

爬高到近壩頂俯看溢洪奇景

難得一見的壯觀畫面，瀑流造出奇怪水紋

紫崗橋橋碑，舊橋仍保留於新橋側

2016年10月20日黑雨翌日，中塘堤壩出現難得的洶湧瀑流

赤馬虎龜燦蓮花

大潭這一節路線，還牽涉到淺水灣、赤柱，而通過
大潭灣下，還一路與爛泥灣、東丫村，而到達大潭
彼岸的土地灣，奇妙的旅程，儘夠你慢慢享用。

長度 5.5 公里

景色 ★★★★★

難度 ★★★★★

時間 1.4 小時

前 段	中 段	後 段
比較荒涼 有探險味	路況開朗 灣景時現	簡直精華所在 錯過便是損失

我和大家一樣，行山只看作一種舒展手腳的活動，
不過是每週一次有恆地去做。但行山與做舉重等
器械運動有所不同，每次去行的地方可以都不一樣，因
而所見事物也不盡相同，感覺上也有分別。當你發覺，
若把這些不同，作有意識、有機的連繫，所產的反饋效
果，就不再是一加一的和，而是遠遠大於實際所得的值，
不能不叫人驚嘆旅行行山的奇妙。感覺到行山這種活動，
的確有其可愛之處。

交通

去程
中環交貿廣場站 6 新巴
→淺水灣別墅站

回程
衛奕信徑站 6 新巴→中
環交貿廣場站

探知引水道原來到赤柱峽即出

200

淺水灣凹

300

200

100

蓮花井山

淺水灣

水

S

長連山

200

白筆

200

孖崗山

300

龜山

300

老虎山

100

赤柱山

200

馬坑山

龜背灣

淺水灣道

200

100

100

夏萍灣

赤柱

峽道

大

E

導賞路線

https://goo.gl/
Tu9I02

南灣

100

春坎角

赤坎灣

赤柱正灘

孖崗橋後　謎團待解

就以我們自大潭中塘的峽道，上行到淺水灣坳，橫過孖崗橋，再沿引水道，在孖崗山西麓一路南行，到由赤柱崗（Stanley Hill）下行的級徑接合，落到赤柱峽道上（衛奕信徑首段起點）而止。引水道的那邊，不知是崎嶇，是平坦，還是密林塞得不能前進？有待揭曉的謎團，就待陰雨過後，陰晴未定，還算滿天陽光的今日去解答。

再續前緣，從起點上走

赤柱峽端　衛徑起點

在中區巴士總站，搭上開往赤柱的巴士，在赤柱峽尖端的巴士站落車，沿級回到引水道，補拍過一些照，便沿引水道南行，打算續走上次未完路線。誰知行不數十步，引水道坑底已迅速提升，不再收集山水，表示此

沿馬路下行，路遇識途俠客，得其指引，此為入口

級路盡即引水道，有藍色大水掣

此引水道看來設施不錯，放心試行

引水道到此已告終結，它不再前進了，我原本的計劃也告打斷了。

水道停引　有道續回

落回赤柱峽道，失望可知。沿路下行，正在盤算下程去向，卻遇上兩位不知名行客，從後而來，此路應極少行山者，因與搭訕：計將何去？便巧遇識途，告我以前行不遠，將有路可上，便得續回失卻之引水道。

坑深水旱　路寬草疏

桃花源之武陵人，就是這樣不知不覺間，覓得桃源洞。過排柱入級道，到高處再落回前面已失去的引水道，欣慰自不待言，細察環境，稍覺荒涼，但有大水管之水掣，色澤鮮藍，視作目標位置，不能錯過。坑深而水旱，路頗寬敞而有疏草，可以駕馭續行。

赤柱鶴咀　島南風騷

此地應還在馬坑山腰範圍，時聞人語，起於山林下，就是夏萍灣後馬坑村地方。馬坑山英文作 **Stone Hill**，是先有村名而後有山名了。再行，離赤柱峽道而入大潭道，

有大坑澗　下有成簇高樓

龜背灣上有兩列平房式高級住宅

深入老虎山深處。老虎山英文作Sugar Loaf，是方糖山。
盡處轉東，指向龜山行，再南旋北繞，在龜背灣之上方，
面臨鶴咀半島，見紅山列屋，將綠水白沙，影襯得特別
惹人好感。島南風光，有止於淺水灣者，何其短視。

世界總是圓　復歸起點

　　沿路再出，已是蓮花井山範圍，依稀記得水務高人
指點，此地因有配水裝置，因多瓣形如蓮花，且垂直深
入，故號蓮花井，而山亦因以名。引水道盡便是水塘區
入口，於是再入大潭篤村，便與上回從土地灣、爛泥灣
來向相接，竟然往赤柱走了一大圈，
又復歸起點，就如八十日環遊
世界之第八十天。此皆行山
之極緻趣事，不愛行山
者或愛行山而不理
者，未必明箇中
妙處。

坑道上架橫樑，不知所為何事

2016年10月20日黑雨翌日，奔赴大潭壩底，
攝得溢洪巨瀑壯觀場面

再越大潭道到大潭篤村去就接回了土地灣來的路走一圈

引水道向下走，級路也下走，近大潭出口了

居高盡看南區景

紫羅蘭山腰一條山徑，在行山界中非常著名。今淺水灣凹後，即以引水道緊緊相接，儘管初段多林遮隔，但出林後，景觀亦與一般殊異，值得留意。

長度 5.5 公里	
景色	★★★★★
難度	★★★★★
時間 1.4 小時	

INFO

前段	中段	後段
路平坦 林高視線受阻	開始感受 灣景之壯麗處	盡情欣賞

所謂"紫崗橋"，名稱源於它所在位置，它跨在一條坑道上，坑道的一邊是紫羅蘭山，一邊是孖崗山，於兩山各取一字以名，便得"紫崗橋"，並且在橋邊豎了石碑，金字書寫。原本的舊橋沒有拆掉，長長的石塊橋，仍橫跨在坑道上，與有堅固欄杆相伴的新橋，自然顯得遜色。

交通

去程
中環交貿廣場6新巴→伊甸園站

回程
康樂及文化事務處香港沙灘貨倉站14新巴→西灣河鐵路站

由沈兄穿針引線，會舊日 "雄鷹" 隊元老於此，大細明，葉綉錦

大潭中水塘

大潭篤水塘

淺水灣凹

大潭港

爛泥灣

蓮花井山

大潭道

長連山

龜山

白筆山

老虎山

柱山

馬坑山

龜背灣

峽道

大潭道

赤柱

夏萍灣

大潭灣

導賞路線

https://goo.gl/jHzePg

小小坑橋　肩負要衝

　　小小紫崗橋，它肩負了交通要衝責任，北可上紫羅蘭山，登頂可俯大潭諸塘、深水灣之勝；南通孖崗，則鶴咀，與大潭灣港俱盡望；西落淺水，東出大潭。現在由此起步。

孖崗林密　難有所見

　　紫崗橋是引水道的大落差位置，下接大潭中塘，所集水流，俱向北流入中塘，我們是逆向南行。起初是在孖崗山的副山之下。此山高363米，樹林茂密，未開衛徑時，山頂路俱被林掩，對面山回望不見有路。現在引水道上，同樣山上山下俱為密林，無所見。

雄鷹雄風如昔，全隊由坑側困難段而下

下望淺水灣與熨波洲海峽麗灣如畫

馬坑山聳立於赤柱半島後

自己退而平走，沿引水道到赤柱方去

路大坑小，水流不急

淺灣大廈　偶現林間

　　樹林偶有疏處，可見下邊都是高樓大廈，後方較遠處有海灘，應是淺水灣，灘中有樹一排，只是一行的十來棵，灘的兩側有大型圓形台地，似是淺水灣灘頭建設，惟沒法找到唯一標誌性穿孔大廈，也沒能看到灣畔的玉皇大帝巨像和亭台樓閣。這個角度是給大廈遮了望眼。

南峰士丹利　灣景有熨波

　　孖崗山恰如其名，有兩個山峰，一個較矮，363米，偏北，接近淺水灣；一個386米較高，偏南，下臨春坎角，它另有名字，叫士丹利山（即赤柱山），我們現走到兩山相夾的山谷位置，此地兩山形勢看來都較險峻，都擺出不可侮的模樣，由於方向都是轉出向海，亦無樹木遮擋，便都儘量尋找海灣中景物。望出去的山咀，是孖崗山南峰主山的山咀，望向熨波洲的海邊，那艘載人渡海的橫水渡，不時在海面游弋，碼頭旁常有人帶了狗隻在這裏讓牠泅泳嬉戲。路上行人不輟。

山脊背後　灣名南灣

　　面前突顯的一個山崗，山上有明顯線條，山下那邊看不到的地方，就是南灣。當我們行到南灣盡處時，曾幻想過翻過山坳後情景，如今在山上已可一目瞭然。山脊上是有人行徑可直通山咀盡處的。

南坑向南　有舂坎角

　　行到孖崗山的南坑村，因面山而行，坑的盡處也即是孖崗南峰最高處，過後由北折向南，面向舂坎角，下有海灘外，還有公園，還有張保仔洞，可另日作專題探索。

衛奕信徑出口　下臨赤柱峽道

　　出山咀行二百米，路有特別措施，是衛奕信徑登山口位置，此徑首段由名人斥資贊助修建，故被冠名外，亦多建額外牌匾，以作紀念。出口是赤柱峽道。

山坡上的護土工程，替青山添上圖畫

衛奕信徑碑刻，首段叫"何鴻燊段"

本線終點又是衛奕信徑起點

下望赤柱半島，都是低矮房舍

大嶼山

第七章

CHAPTER 7

END

石壁訪村尋兩廟

有些地方常常經過，但坐車，無緣細訪；能抽點空，去探訪村莊，尋古廟，更睹古代石刻。一個人的生活，能這樣的隨意之所之，夫復何求？

長度 6公里

景色 ★★★★★
難度 ★★★★★

時間 1.5 小時

INFO

前段	中段	後段
路平陰涼 心情舒暢	與村民交 探廟得兩	久聞古石刻 今日得真容

今天選遊一條石壁水塘外的小村，再尋古廟、探古石刻，屬多姿多采，不容輕視的旅程。起點是石壁車站，從前只得梅窩一線巴士，今天多了東涌。東涌車上沿途報站名，使人大開眼界，聞所未聞。過了水口站，有"四眼馬"的，村名陌生得很。又有一段叫"長沙大橋"，端的此橋何來？值得有心人探究。

交通

去程
東涌市中心巴士總站 11
新大嶼山巴士→沙咀站

回程
石壁警崗 11 新大嶼山巴
士→中環碼頭

鳳凰山、狗牙嶺下石壁水塘，當年與唐友遊塘底

羌山

石壁

嶼南道

石壁水塘路

宏　貝　道

涌口

東灣

立岩咀

紅十字會
石壁營

東灣

大浪灣

導賞路線
https://goo.gl/
yXKT4i

水塘建成　嶼南路通

　　1959年興建的石壁水塘，利用鳳凰山山脈兩個山岬，夾成石壁谷，在咀端築大壩而成，谷內遷村蓄水，高壩築成通渠大道，乘機規劃了嶼南公路的鳩築，梅窩興旺過一時，而東涌因機場之利而成後起之秀，但石壁同樣緊扼了交通大動脈的咽喉，不管從東涌來、梅窩來，都要先經石壁大堤壩，然後得上昂平、去大澳、落深屈。

左下往大浪灣村，右通分流、大澳

宏貝路入村　引水道輔接

　　我們探大浪灣村，從起於石壁的宏貝路入。宏貝路是一條較新的路段，原名填背，它直通落到宏貝村。而遠足的行客，其目的多為分流、再而二澳、大澳；但亦有到分流前上走，到坳入探分流三山，或下萬丈布、龍仔悟園，都屬能征慣戰，高手所嚮的項目。

村長欣勤講解大浪灣村古今事

起點在壩尾　一壩扼通塗

認識起點地形、位置是重要的，屬小型台地，有避雨亭、坐椅、資訊板、完美的洗手間，重要的是大大個層山起伏型的"大嶼山郊野公園"路牌，為愛到此一遊者拍照最佳點。

大浪村臨灣　風景頗怡人

沿路入，風涼不冷，陽光暖而不燠，正合行山時節。前面出現大個路口，曾入探，多岐路外，盡處從建築物側有小路，或只供出海濱用。退出再行，路分岐為二，較高者路反窄，乃經分流之主路，低者路卻闊，實只往大浪灣的村路。路牌仍書"宏貝路"，落去就是宏貝村或大浪灣村。

本是墳背　今稱大浪

一排村屋橫列整齊，屋前小廣場得以聯成村路，適時一老者從屋出，急往搭訕村的來龍去脈。答以都是石壁搬來，是 1959 年的事，因建水塘要遷村，六村中有選荃灣河貝，有選水口，他取大浪灣。全村姓馮，只兩家徐姓。在石壁時叫墳背村，遷時一並改為宏貝，所築入村路亦叫宏貝路，後因此地本叫大浪灣，因而把村亦叫大浪灣村了。問有廟否？答以在灣側，叫洪侯古廟，祀洪聖公和侯王係仿原石壁洪聖古廟而建，並指舊廟建造很早，已破毀，但遺跡猶存，在今大壩的彼端。廢校的下方。

潔靜宜人的大浪灣村（初叫宏貝村），村民多有車

已破的宏貝學校，校舍仍新

廟奉洪聖和天后，對比舊廟，外貌相似

大浪灣海灘，山咀為靈會山下 "白角"

樹叢中石壁水塘溢洪水碗雄姿，乘車路過，只得驚鴻一瞥

早有猺人居　漢人明朝到

石壁谷內很早已有人居，但不是漢人而是猺人，業鹽，不滿官兵勒收鹽餉，抗而被殺迨盡。我們漢人是明朝時才入住石壁的。石壁洪聖古廟已破，舊址仍在，乃在壩之另端馬路進入，在碼頭前大榕的旁邊，廟毀，存石柱門框，格調古雅。廟外即長長倒 L 型碼頭。古代石刻亦在同一路旁，外築遮蔽小屋，只在巨石下角有圖文，斜陽下已難明辨，但仍值得一探。

石壁村內古石刻，最早係有猺人於此定居

瀕海一組建築物屬石壁監獄一職員宿舍

海旁的已破洪聖古廟，大浪灣村者，依此重建

訪二澳大海觀橋

本程極力推薦坐船，從東涌碼頭坐 8 時 55 分前開出渡輪，途中可以看海上的港珠澳巨大建設工程。再登岸漫遊二澳古道，然後鄉村小店，或酒店豪華享受一番。

長度 7 公里

景色 ★★★★★

難度 ★★★★★

時間 1.7 小時

INFO

前段	中段	後段
乘船去 開眼界 更優悠	看大澳 海岸海光	牙鷹山下 看牙鷹角

到大澳，都是先到東涌，再轉大澳巴士前去，與大橋工程何干？從前去大澳，緊張兼大件事，先到中環，揀啱港外線碼頭，以為衝到閘口便可買船票，誰知還未開賣，外面擁着一條幾個人一排的長龍。船速慢，航班疏，真叫人緊張。故此那時去大澳旅行，搞旅行隊的索性"搞大嚟做"。自己租船。

去程
　東涌新發展碼頭
‥‥‥‥‥‥‥‥‥‥‥‥
回程
　大澳新碼頭
渡輪時間表
www.fortuneferry.com.hk/timetable.php

大澳碼頭廣場上，鹽田堤後是尖峰山和牙鷹山

坐船起點

大澳

步行起點

坐船回程

導賞路線

https://goo.gl/
BfSpIJ

梅大屬長走　非輕易可行

又或者從梅窩起步，沿嶼南路經貝澳，入石壁，過分流，繞雞翼角，入二澳而後南涌、大澳，再候五點船歸，即是限時五點要到達。趕到上氣不接下氣，懶理你腳反筋。於是走過一遍，認為係完成一件歷史性大事，值得大書特書。但怕怕。

東涌碼頭畔機場路橋飛架

東涌坐船去　眼界可大開

俱往矣，今天，我向大家推薦的，不妨先到東涌，8時55分前到達東涌渡輪碼頭，有一艘看來不算巨型的小輪，它從屯門起航，在東涌上落客後，隨即開往沙螺灣，上落客後，再開往大澳的新碼頭靠岸。總共所花時間不過半小時。回程可預購2時或4時的船票，也可改乘巴士回到東涌去。

從渡輪上近眺港珠澳橋大型吊掛機械，此景象只能適時而得，並不長期存在

二澳灣風光如畫

直去是南涌，右方屋宇是羅鬼橋

另有一番風味的村屋

一般只耳聞　何如得目見

　　為甚麼推薦乘坐渡輪呢？因為旅行除了出來郊區走走，吸收一下新鮮空氣，舒展一下筋骨外，也希望多見一些新鮮事物。在大氣電波中，不是常常聽到"港珠澳大橋"這名堂嗎？到底這大橋位於何處？如何走線？現在建造得甚麼模樣？作為小市民，心中也想了解一下，最好能親眼目睹吧！

巨型柱陣　列隊相迎

　　這些問題，坐在家裏，走在街上，永遠找不到答案的，也永遠沒有人會回答你的問題，而且會覺得你狗捉老鼠，多管閒事。想尋答案，只有靠自己多走動，肯探求。而從東涌至大澳航線的船，只要你不眯着眼睛睡覺，肯定能給你大大的驚喜。因為從東涌港中，岸邊已有許多大型機器在工作着，海上更有許多重型躉船，不是一艘兩艘，而是成排地，它們的旁邊已造出了一個個，一組組的直立式橋柱，都是規劃地間距相等的，準備可以將預疊的橋面容易而迅速地裝到柱頂上去。有些，已見到柱頂都鋪上橋面了。我們看的，就正正是甚囂塵上的港珠澳大橋了，它已從外海一步步邁進我們香港領域上來，已可目睹它的尊容了。

向尖峰山 繞牙鷹角

　　船靠到大澳碼頭，上岸面對尖峰山行，入南涌，再過番鬼塘，上尖峰角林蔭路，直趨牙鷹角，石屎新路，好行。過大彎角就是牙鷹角，角在牙鷹山下咀端。石橋下有級可上萬丈布，稍過是牙鷹角營地，再落就是闊大海灣處，也就是二澳所在，再過大溪口位置是二澳新村。灣盡咀端是青林角，背後小崗是雞公山，它的咀角卻不叫雞公咀或雞公角，背後亦有二澳口，亦不因而叫二澳咀。盤谷中群山環抱，高低起伏，雲霧纏腰，鳳峰高聳，不可具狀。再前行，可到雞翼角，出分流，一般行者，其實到二澳已感滿足了吧！

山坳下村屋都是洋房別墅，好一個大澳風光

香港海域中港段大橋，仍是工程船結集橋疊附近

所見只架上中央橋面，轉眼已合攏成橋了

219

從海上仰望鳳凰山，風貌少見，端的要多看幾眼

東涌東龍石門甲

石門甲村口，有玄壇古廟。六十年代，隨千景堂主遊，當日他見此玄壇古廟，仿如見久違故友，因他在記憶中亦已覺印象模糊了。再見仿如遺失甚久的珍藏突現出現，因而欣慰極甚。此情筆者甚有同感。

長度 7.4 公里
景色 ★★★★★
難度 ★★★★★
時間 2 小時

INFO

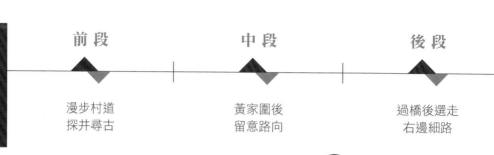

前段	中段	後段
漫步村道 探井尋古	黃家圍後 留意路向	過橋後選走 右邊細路

從東涌步行到石門甲，村民多選乘村巴，旅行中人，可由此到昂平，或登羅漢頭，都會用腳步行前往。我們既以石門甲作行程終點，自然安步當車，即使路人甲、乙、丙都會勸説，到石門甲？坐小巴去啦，幾遠吓嗎！我們便要有行年四十，不為所惑的決心。

交通

去程
東涌鐵路站

回程
石門甲總站34新大嶼山
巴士→東涌鐵路站

黃龍坑口的赤立角新村，此為石廟

觀景山
赤鱲角南路
白沙咀
昂坪360
纜車站
東涌灣
東涌
佛教
青年營
馬灣
沙咀頭　黃泥屋
東涌戶外
康樂營
下嶺皮　東涌路　上嶺皮
新東涌坑
黃龍坑
閘門頭
禾寮墩
石門甲
石門甲道
新徑
石獅山
石壁凹
東涌路

導賞路線
https://goo.gl/
nYfDMB

若乘E21A　逸東站落車

　　從市區來，如果乘巴士，多在消防局落車。這是逸東路，是一條東涌出入市區及通向機場的主要通道。所有巴士都會途經這裏，因此十分方便。但是若機緣巧合，搭上E21A，往逸東邨的，那就更方便，到逸東邨站才落車。

後山薄刀岰　可縱覽機場

　　當你從消防局下車後，回轉頭走到警局，轉出順東路去，舉頭所見的高山，就是大名鼎鼎東涌後山薄刀岰。它的山形，從山上往東，像一把彎彎鋒利的刀刃，斜向東涌一方落下。站在山上可以縱望整個機場形貌，初建機場便是特地登上薄刀岰，了解建設情況的。

東涌砲台門樓，台上伸出多門古砲

嶺皮村，村口有古井及井神

登上古城，沿圍牆級路，向後圍探索

東涌河，曾引起環保人仕不滿

順東路綠化　環境更怡人

順東路是一條綠化得很完美的馬路，闊大的行人路與單車徑，都由高高喬木遮蔭，陽光從濃葉間透入，使晨客覺得特別清爽，到逸東天橋，上橋過到東涌道去，迎面有黑黑大門樓，上書《馬灣涌村》，是小炮台那邊遷過來。靠右行有路口，便可轉上黃龍坑道，有全石天后廟和赤立角新村。

石廟原在島　與村一起遷

石廟原來在赤立角島上，為漁民從海網得大石而造像，並採島上石而造此全石廟。島已改成機場，全村遷到這裏，廟亦隨之搬來，新立門樓命名"赤立角村"。此村不同彼邨，村係指原居民的舊式村落，邨則是政府建造的屋邨，幾乎政府已定格使用。其實"邨"字更古："牧童遙指杏花邨"，唐朝已用。

開林登山　步步維艱

沿坑道直上，見坑道在修整中，近末端有休憩地和燒烤場，落坑覓昔日水堤及所開闢登山口，不可復見。有數位外籍人仕正擬過坑從此登山。多年前於此劈林開路登山過。猶記近頂處遭火盡燒矮樹，坡道滑足，步上步落，非常艱難方才到頂。今見有人亦於此路登山，很感快慰。

三門古砲，各有重量

石門甲古村，村門牌樓對聯：《風調雨順，國泰民安》

黃家圍村口　擇路石門甲

　　復出過下嶺皮，上東涌炮台，登城牆拍攝破牆舊貌，復仰攝城樓排砲，冀望另有所獲。城內屋後有屋，非只一排。下嶺皮村口有古井及井神位，到黃家圍村口，對正石榴村入口，逕入過橋，沿東涌河左行，留意百步後有小路，即轉右入，過紅屋再行，便見門樓當道，就是石門甲村，閘口旁有玄壇古廟，六十年代隨千景堂主，他尋回記憶中古廟，欣然有重見故人，如釋重負感覺。

玄壇古廟，當年千景堂主重見此廟，仿如再見從前故人，釋懷不置

門樓山神社　山下羅漢寺

　　過門樓及大石山神社，上即為著名之羅漢寺，拾級穿門洞，得大雄寶殿，另有羅漢泉於旁側，泉水甚清，可供飲用。沿路還可再上，即寶林寺及昂平東山法門。我們不登高，到此為止。

　　但知這附近有羅漢岩，不知是否與羅漢寺有關，有意者不妨着意尋找。

村內大王爺神社

羅漢寺內羅漢泉，附近遠處有羅漢岩，大家懍合力尋找羅漢岩

平原大地導賞徑

作者
黃梓莘

編輯
林榮生

美術設計
Yu Cheung

封面攝影
WONG Chin Tat

出版者
萬里機構・萬里書店
香港鰂魚涌英皇道 1065 號東達中心 1305 室
電話：2564 7511
電郵：info@wanlibk.com
網址：http://www.wanlibk.com
　　　http://www.facebook.com/wanlibk

發行者
香港聯合書刊物流有限公司
香港新界大埔汀麗路 36 號
中華商務印刷大廈 3 字樓
電話：2150 2100
傳真：2407 3062
電郵：info@suplogistics.com.hk

承印者
中華商務彩色印刷有限公司
香港新界大埔汀麗路 36 號

出版日期
二零一七年一月第一次印刷

100M

START